大妻ブックレット――⑧

近現代中国の儒教

JN073680

銭国紅［著］

目次

序章　なぜ今、「儒教ブーム」？……1
第一章　亡国の危機、そして――西洋文化との衝突と融合……5
1　西洋化の中の儒教中国　5
2　世界像の転換と「天下」の拡大　8
3　西洋学習と儒教批判　12
第二章　孔子像復活の舞台裏――蘇る伝統の意味……15
1　エリート社会と民間社会の断層　15
2　民衆に見る伝統文化重視　17
3　現代政治と「天理」信仰　24

第三章　儒教的価値観と現代文化との相生相克……29
1　国家教化の根本であった「徳と孝」　29
2　社会規範、政治規範としての「礼」　35
3　中庸は矛盾と衝突を避ける知恵　40
4　「明礼」から市民道徳の再構成へ　45
5　義と利の統一　49
6　公私の対立と並立　53
7　生と死の意味　58
8　道徳修養の方法論と心の自由　65
9　個人主義のバラエティ　71
第四章　多様な価値観共存の時代に向けて……79
1　「アジア」という概念の形成　79
2　「アジア」の再発見と伝統文化　81
3　台湾と中国大陸における儒教文化の比較　82
4　「天理」としての政党の主義主張　83

5　シャーマニズムとアニミズム　84
6　日本と中国における祖先崇拝　85
あとがき——人を感動させる力を持つ文化を　89

序章　なぜ今、「儒教ブーム」？

欧米の識者の間で、「中国の謎」という言葉を聞く。なかでも欧米の中国ウォッチャーにとっての「中国の最大の謎」は現在まで中国の近代化過程が、社会主義政党によって指導されていることである。社会主義の理念は西洋の土壌から派生しながら、西洋の主流社会から拒否されている。しかしそのような社会主義とその変形である共産主義は、中国社会に迎え入れられ、かつ資本主義の市場経済と共存している。

古い文明の伝統を持っている中国は、現在自らを「中国的特色のある社会主義」の国と定義している。「中国的特色のある社会主義」とは、資本主義の競争原理などを取り入れた社会主義というようなものであるが、欧米の人々はこのことの意味をまったく理解できないらしい。このように経済などでは資本主義の原理原則を取り入れ、政治などでは社会主義の原理原則を強調する国の在り方は本当に可能であろうか、もし可能だとしたら、それはどういうふうに運営されるのか。中国の政治体制は中央集権的で、それは資本主義の基準から見るとただちに民主的であると評価することは難しい。しかし一方において、現在の中国は、活力に満ち溢れた市場経済をも有している。この奇妙でアンビバレントな現象をどう見るべきなのか。社会主義の国家において、資本主義の市場経済を実行することがどうして可能なのか。これは極めて根源的な謎ではないかと、不思議がっている人が多いようである。

たしかに中国経済の発展に従い、人々の生活が豊かになり、中国の政治システムも韓国や日本のようにより西洋的になるだろうと期待していた欧米や日本、そして中国の知識人が多かった。しかし現実の中国では、そのようになる気配があまり見られない。アジアでは韓国や日本も急速に近代化を推し進めた経験を有しているが、しかし特に韓国と比べると、中国の経済規模の方がはるかに大きい。現実的にみると、二一世紀の近いうちに中国は世界最大の経済主体になり、グローバルな世界に主導力を持つ政治的存在になると予測する人がいるが、この中国は西洋式の国ではないし、将来もそうなる保証はない。このことが、欧米だけではなく、韓国や日本の人々にもかすかに不安を覚えさせるのかもしれない。

このような不安と戸惑いは、多くの中国人にも共有されている。私の接する人の中にもこのような現実に生きていながら、これを学問的・理論的にどう説明するべきかと悩まされている人が多い。こうした不安と戸惑いに向き合う中で、二千年来、王朝政治の発展に寄与してきた知識や精神の中心的思想である儒教に、その不安を払拭し謎を解く鍵を求め、近現代中国社会の変化と特徴の解明を儒教にアプローチすることで実現しようと意識し、行動しはじめた大勢の研究者や識者が現れてきた。

そもそも中国にとっては、文化という言葉は、大変重い意味を持っているとされている。「文は道を載《の》する所以《ゆえん》なり」（文化は元来、先王の道を載せて千載《せんざい》に伝えるためのものである）というように、文化と政治はいつも密接な相関関係を持っている。古代では、政治は特定の文化に縛られるものであり、王朝が交代する度に、文化の担い手の交代も頻繁に行われていた。そのために中国では文化がそのまま政治であるかのような「政教一致」（この「教」は特に儒教に限らず、広く教育に使われるあらゆる経典そのものを指す）の伝統ができ上がっている。そのような文化が、ときには硬直して生命力を失い、結局権力の従僕に堕してしまうことは過去の歴史に照らして明らかである。

ごく最近まで、長い間中国で儒教は、近代文明の取り入れを阻害するものとして冷遇される存在であった。しかし今、中国では儒教ブームが起こるぐらい儒教は広く賞賛を浴びるホットな存在になっている。儒教はまたマルクス主義の経典に代わる新しいイデオロギーとしても注目されている。かつてアメリカ人の研究者ジョセフ・レビンソン（Joseph R. Levenson 一九二〇〜六九）が、六〇年代の中国を旅して、「儒教は死んだ」という結論を学界に公表したことがあるが、儒教の中国の社会と政治の表舞台への再登場が、このような結論を根底から覆すことになるかもしれない。

またこうした儒教に対する関心はすでに知識人や学問の世界にとどまらなくなっている。近年では中国の一般社会にも儒教への強い関心を持つ人が増えつつある。儒教と社会主義的価値との融合と軋轢を目の当たりにした市民や政治エリートの多くは、政治の腐敗防止を思考する際、儒教が有害か有効かという問題に疑問を持ちはじめ、儒教をソフトパワーとして生かしていけるかどうか、「社会主義の理念」と儒教の共存の可能性があるかどうかなどについて、それぞれ問い掛けはじめている。

要するに現在の中国の社会、文化、政治の各分野において儒教は各方面から強く関わりを求められている存在になっている。この現状の意味するところをどう理解し、どうとらえるべきなのか。その手がかりや答えを得るために、近現代中国における儒教と文化創造との関係の実態と意味を振り返り、今日の世界とのかかわりやこれからの世界への可能性を探っていく。

第一章　亡国の危機、そして——西洋文化との衝突と融合

1　西洋化の中の儒教中国

一九一一年に起こった辛亥革命は清朝の崩壊をもたらし、儒教が中国社会における公的存在となってきたことの終わりを宣告し、西洋から伝わってきた新しい文化や学問が主流になったことを認めるものであった。一九世紀におけるアヘン戦争（一八四〇～四二年）、日清戦争（中日甲午戦争、一八九四～九五年）の敗北、洋務運動（一八六〇年頃から始まった西洋軍事技術の採用を中心とする富国強兵運動）の失敗は、長い間西洋文明の受け入れを拒否してきた鎖国政策の限界を示した。洋務運動が基本方針とする中体西用（西洋の軍事、工業の技術は導入するが、伝統的な体制を維持する）的な改良主義では、中国を植民地化の運命から救い出すことができないことが示され、西洋文明に向けて国を開いていくほかに、衰えていく大国の崩壊を食い止める方法がないことが証明されたのである。この大きな流れを加速させたのは一九〇四年の科挙制度の廃止であった。科挙は儒教中国の王朝支配を固めるための重要儀式であってこれを廃棄するというのは、長い間

奉じつづけてきた支配者の論理を担った儒教の威信が地に落ちて、固有の価値やイデオロギーとしての働きが終焉したことを示すものである。

政教一致で固まっている清末朝廷が、この未曾有の大変局をあえて迎えたのは、これ以上旧態依然とした国体のままではやっていけないという限界に来ている現実があった。しかし科挙制度を廃止すること自体が、清王朝の求心力をさらに低下させ、大量の知識青年が、新たな生活手段を探し、経世済民と直接には無関係なそれぞれの未来に向かって走っていかなければならない窮境に追い込まれていくことを意味した。何年か後に清朝を滅ぼした辛亥革命の成功は、古い権力構造と信仰体系への離反心を持った大勢の若い青年が存在していたことと密接に関わっている。そのような青年と革命が結びつくのは必然である。

しかし辛亥革命の履行により、運命的に近代西洋文明と伝統中国文明との間の取捨選択が求められることになる。このような現実を目の当たりにして革命の果実を性急に手に入れたい若者と、古い体制になれてきた既得権益者たちとの間、そして理想や未来に燃えるエリートたちと現実生活に目を向けざるを得ない大衆の間には、常に大きな意識の隔たりと断層ができてしまう。観念上では革命の時代に入っても、実際の生活や政治活動においては、むしろ世代間の乖離、階層間の対立を多くの人々が深い悩みとして抱えつづけている。

価値喪失への恐怖

中国の近代化は、常に亡国の危機からの脱却を目指す「救亡」を使命としたが、それは清朝という政治体制の滅びが危機感の源となっているというよりも、王朝を支えていた価値やイデオロギーを失うことへの恐怖心が中心になっている。過去の中国の歴史で繰り返された王朝の更迭では、支配者の交代はあっても、多少文明の色合いや度合いが変化しても、中国文明全体を切り捨てることはなかった。どのような手段で確立された政権であっても、後で中国文明の中から儒教や道教などの言説を取り出して正当性を主張することはいくらでもできたので、王朝の更迭は文明の切り替えを伴わなかった。古い王朝の崩壊と新しい王朝の再生の間では文明の断絶よりも連続の方が多かった。中国という王朝支配の世界は古い王朝を飲み込んで、新しい王朝を形成していきながら、文明の連続性や特質を、曲折しながら守りつづけてきたのである。

救亡と啓蒙の両立の難しさ

中国の近代化は、啓蒙が手段にとどまり、救亡だけが独走してしまうという特徴があった。清末の亡国の危機は伝統文化への反省を促し、西洋文化への開眼を促す最大の原動力であった。西洋を認めるか認めないかは、結局亡国を回避するかどうかに繋がっている。西洋化への決意、西洋の学問、思想の取り入れも、中国という国の存立や独立を達成するためにしか意味をなさない。救亡や国づくりを最優先するのは、現実的に外からの侵略の危機に対処する必要性に裏づけられている。しかし救亡や国づくりのために役立つのは、本来西洋の学問や技術だけではない。伝統文化も「近代」の硬直性を有機的に修正する役割を果たす場合がある。

康有為（一八五八〜一九二七。清末の学者。朱子学、道教、仏教、西学の書物を広く読み、東西学の融合を試みる）と梁啓超（一八七三〜一九二九。清末民国初期の啓蒙思想家。師の康有為とともに、日本に亡命した経験がある）のように、「救亡」と「啓蒙」という使命を一身に背負って伝統文明と西洋文明を対等に扱おうとするこころざしの持ち主にとっては、「救亡」と「啓蒙」の共存はそれほど無理なことではないかもしれない。しかし西洋文明を上位文明として考えるようになった人々にとっては、この両立は中国社会において簡単に成立するものではなくなる。辛亥革命の成功は古い政治制度や価値体系を放棄する環境を整えたが、新しい政治制度と価値体系が作られることを保証するものではなかった。新しい政治制度と価値体系を作ることができなければ、救亡を達成することができない。そして、救亡ができなければ、啓蒙のための環境がなくなるというジレンマに陥る。

2　世界像の転換と「天下」の拡大

西洋を含めた世界像に中国人が目覚めた後、「天下」（人々の認識する世界像、また普遍の真理）の範囲が全世界に拡大されることにより、西洋世界をも含めた天下像が現出しはじめる。アヘン戦争以降、新しい「天下意識」の持ち主が徐々に表れ、革命の「先駆け」をなしていった。辛亥革命前後から新しい「天下」（世界システム）を求める知識人が急増し、思想的には西洋の学問に「真理」を求める志向を示したり、政治理想には「天下為公」（孫文の言葉。公の範囲を世界全体にする。世界全体に通用するシステムを作る、ということ）を標榜したりする、いわば新「天下教」信者が数多く生まれた。西洋の近代性を認めて、西洋に新しい価値や真理を求め、それをもって中国の伝統文化の前近代的性質を問題視し批判する思想的流れは、五・四運動（一九一九年五月四日、北京で起こった愛国運動）から始まった。

要するに、五・四運動とともに急展開された新文化運動（一九一〇年代の中国に起こった文化運動）は、西洋文明の近代性と中国文明の前近代性を認めたところから出発しているのである。「啓蒙」（人々に西洋の新しい知識を与え、教え導くこと）を高く取り上げたのも、進んだ先進文明を用いて遅れている自国を文明的に導くという含みを持っている。つまり価値体系から学問の様式まですべて西洋に求めるという意味合いを有しているのである。この時期をリードした人々は厳復（一八五四～一九二一。清末の思想家。イギリスに留学してから、ヨーロッパ近代思想の紹介に努めた）、胡適（一八九一～一九六二。民国時代の哲学者）、李大釗（一八八九～一九二七。中国共産党の初期の指導者）、魯迅（一八八一～一九三六。文学者、思想家。日本留学中、医学を捨てて、文学に転じた）のような、異なった時期にそれぞれ外国に滞在し、留学した経験を持つ人々が主であった。

近代初期の中国では、啓蒙と救亡を担う人が同じ人々になっている場合が多い。かれらは昔からの政治思想や科挙意識の慣習に十分な問いかけを行わないまま、古い政治体制と文明体制の転換を仕掛けている。かれらの多くは思想的には士大夫（中国前近代の支配階級。政治や社会の担い手として、読書人、文人とも遇された）から近代知識人への転換を完成していなかった。西洋の知識や技術を身につけて、新しい政教一致の体制を求める大量の士大夫的「近代知識人」が、中国という近代化改造の大船を舵取りし、新たな国づくりを率いているため、現実社会の「問題」に対する研究よりも主義主張の模索を偏重する精神的な雰囲気が形成された。「徳先生」「賽先生」の表記（「デモクラシー」と「サイエンス」の漢字表記）を最初に使用したのは陳独秀（一八七九〜一九四二。民国時代の思想家、政治家、中国共産党の初期の指導者）である。「『新青年』罪案之答弁書」（『新青年』第六巻第一号参照）の追求よりも、救亡のための利害からしか科学、民主、自由を捉えることができない体質をもつ近代社会を形作ることとなった。これは中国の近代化が皮相的であることをもたらし、真の意味での近代中国の形成を困難にしたのである。

救亡という名の「伝統回帰」

ただ、近代への理解を十分持ちあわせない伝統回帰は、近代化に寄与しない伝統回帰になってしまうおそれがある。こうした伝統文化と近代意識との対立を示す事例が近代中国人の進める数多くの社会改造の実践においてよく見出されたのである。

例えば孫文（孫文の儒教思想については、竹内弘行『中国の儒教的近代化論』研文出版、一九九五年、二九四頁参照）の中国国民党と陳独秀の中国共産党が、後に党派の争いや主義主張の争いを国家建設以上の意味に位置づけて、内戦にまで至ってもお互いに歩みよることができなかったのは、近代的意味においての政党意識よりも、古代の朝廷政治における政教一致の意識が裏で作用していたからとしか説明できないと思う。国家は一つの主義主張を超えたところに成り立つと考える近代政治ではありふれたことを彼らが容認できなかったのは、政治思想の異なった二つの政党が、中国という大きな枠組みにおいても「不共戴天」であって共存することができないとする伝統意識が働いていたと考えられる。

特に、マルクス主義を信仰する中国共産党は、長い間背負いつづけてきた西洋文明へのコンプレックスを解消し、マルクス理論を絶対の真理として崇拝する形で、伝統的な政教一致と見ることもできる国家体制を築き上げ、西洋諸国に並び立とうとした点で、伝統文化への回帰を実現しようとしていたということができる。また毛沢東の指導した文化大革命（一九六六～七六）の発想も、自然、人間、社会を一つの精神構造で貫き改造することができると確信する儒教中国の伝統を連想させる要素を多く含んでいる。彼の社会主義の理想をひたすら求める姿勢には、古代知識人の「天理」を求め、自然と人間の連続を信じる儒教的天人観や思想構造に通底するものがあると言えよう。

こうして政教一致の伝統は長い間、儒教中国の政治生活の中核を形作るものだったが、この伝統文化は近代政治との間に、相通じるところと相反するところを残した。つまり儒教の理念に裏付けられた古い政治システムにおける政教一致が、儒教理念との現実政治の一致を求めるのに対して、近代政治は、西洋出自の価値理念と政治との一致を要求する。

そのような思惟構造を持っている近代化推進を目指す中国の知識人がまず実践することは、古い儒教的な信仰や理念との訣別であった。それは新文化運動という名の伝統批判でもあった。

3　西洋学習と儒教批判

五・四運動は中国近代化の深化を宣言する思想運動であるが、この精神革命の最先端を走る人々が最も頻繁に口にしたスローガンが「打倒孔家店」であった。中国文化から孔子の看板を取り外すことが、中国社会の近代化のスタートにおいて欠くことができない事柄であった。ここでは孔子の教えが、「徳先生」や「賽先生」と並立することができないものと見なされていた。人々は「民主」と「科学」が中国を救うことのできる唯一の真理であると考えて、それを取り入れるために、まず中国社会の隅々にわたって行き届いている儒家思想の排除が必要であるとした。欧米文明の進歩を可能にした根本的原因である「民主」と「科学」が中国には欠如していたために、前近代から近代への移行期の中国社会は悲惨な状態に陥ってしまったという認識があったのである。

「民主」は民主共和国の国家を作るために欠けてはならないもので、主権が国民にあるという考えであるが、儒教では、主権は天にあり、地上の王はその天にかわって主権を持つと考えられていた。ちなみに儒教には、「民本」という考え方もあったが、これはあくまでも、民を大事にすることが、統治に役立つという意味においての考え方で、近代の「民主」観とは異なるものであった。また、「科学」は古い礼教観と結びつく天命観や偶像崇拝、迷信の破棄を強く要請するものであると考えられたために、孔子の教えはそれを阻害するものとされた。孔子の教えに基づく儒教文化は、古い中国の倫理道徳、家族制度、人文学問を形作っているので、自由、民主、博愛、科学の理念に基づく新しい近代思惟の建設には、孔子批判は不可欠なことであった。

「批林批孔」運動と文化大革命

この五・四運動の孔子批判は、五・四運動以後も途絶えることがなかった。その典型は文化大革命の後期における「批林批孔」運動に見ることができる。

いわゆる「批林批孔」運動は一九七三年後半に起こった政治運動であった。林彪批判と孔子批判が連動したところに、近代中国の政治と儒学との関わりの深層を窺うことができよう。

この「批林批孔」という思想運動は、要するに現実の政治闘争のために作り出された政治キャンペーンでもあった。背後には毛沢東と林彪（一九〇六〜七一。中国の軍事、政治指導者。文革中に毛沢東の後継者に推されながら、後に毛沢東と対立し、ソ連への逃亡を試みたがモンゴルで墜死）との対立があった。毛沢東は、林彪の世界観が孔孟の道に深く影響されたものであると批判し、自分こそ真のマルクス主義者だと任ずることによって、政治的立場を有利に置くことが可能になったと言われている。

ただし、実際に林彪の考えにどれぐらい儒教的なものがあったかどうかは検討が必要である。元々毛沢東こそが伝統教養の持ち主で、時々中国古典の本が詰まった書斎で、外国の賓客と会見していた様子から見てもわかるように、その伝統知識は決して林彪に劣ることがなかった。

近代化を実現するために儒教文化を徹底的に取り払おうとする姿勢を見せてきた現代政治の世界とは異なり、一般大衆の生活世界では、儒教の教養を持つ者がいつも力を持っていた。それは上層部が反儒教的な政治を押しすすめていた時期においても、親や周りから日常生活の中に絶えず受け継がれるものとして大衆生活を指導する、潜在的な価値でありリズムであった。文化大革命が終了するまでのこの社会的な暗流は、改革開放（一九七八年～）後の中国では、急に本流として表面化してきて、色褪せたマルクス主義に代わる社会主義市場経済に必要な価値倫理を補うものとして、指導的な価値観の位置を占めるようになっていく。

第二章　孔子像復活の舞台裏——蘇る伝統の意味

1　エリート社会と民間社会の断層

近代以降、中国社会の支配層は、西洋の哲学を受け入れる一方で、古代から存在してきた伝統中国の哲学については、学問研究の対象とはしても、公認の生きた人生の指南として扱うことを忌避してきた。一方、民間社会では儒教的な伝統の世界観や価値観が、日常生活という場を通じて、脈々と伝承され、近代以降の中国社会の特別な様相を形作ってきた。そのために多くの人々の間で、伝統中国と近代西洋を背景に持つ世界観や価値観の断層が大きくなっていた。

このような思想的な二つの社会の断層の拡大に危機意識を抱きはじめたのは、中国における資本主義萌芽の有無をめぐる論争（一九五〇年～）に興味を示した人々であった。その触媒となったのは、儒教倫理とキリストの新教倫理を比べたドイツの学者マックス・ウェーバー（一八六四～一九二〇）の議論であった（『儒教と道教』一九一六年）。その議論の多くは、東西哲学の比較による伝統中国の哲学と近代中国の関係性への問いかけに及び、また孔子像の復活に結びつけられ、社会の変化と要望に具体的に答えようとする数々の学問的、哲学的な模索と思考に繋がった。なかでもまず儒教倫理が、新教倫理のように商人精神の形成に寄与していたかどうかの議論が、この学問的な模索の嚆矢であった。

余英時の議論

中国では明清時代の「儒商」（儒教的な商人）の経営理念と経営倫理を指して「儒商の経済倫理」という。これは儒教教養を持っている商人の経営活動と儒家文化の相互融合を示すものである。明清時代には、徽州などの地域に、多くの「儒商」と自任する商人団体が活躍していた。かれらは儒を棄てて商に就いたり、商をしつつ儒を学んだり、あるいは商に遊びつつも心は儒者の道を好んでいて、儒教倫理の精神を信望し、それを商業の経営理念と行動規範に生かしていくことに長けていた。

アメリカ在住の歴史学者、余英時がかつて『中国近世の宗教倫理と商人精神』（初稿は香港『知識分子』季刊、一九八六冬季号に刊行。日本語訳は、森紀子訳、平凡社、一九九一年）を著して、明清以来の学者たちの「治生説」や「新四民論」に対する見解および「公私観」の変遷を考察し、また、明清商人の意識や価値観、特に儒家倫理や教養の彼らの商業活動に対する影響についての研究を行った。著者は「賈道」（商人の道）および商人倫理の形成に対する儒家倫理の影響を確認した上で、近世中国に起こった宗教転向の動きと商人階層の形成との連帯関係、およびその脈絡を明らかにしようとしていたのである。

この研究はウェーバーの中国観、特にその儒教観を実証的に批判する著者の心意気をよく表現するもので、改めて中国の伝統の倫理観念が明清時代の商人意識の形成に寄与しているかどうかという問題意識を投げかけるものであったと言える。また学問の世界からの問いかけと関心とは異なり、民間社会では、儒教を含めた伝統文化全般に興味と関心を見せる人が増え、伝統文化を生活の中に取り入れる動きが強まりつつあった。

2 民衆に見る伝統文化重視

最近ある有名歌手が自分の娘を、高い学費を払って、大都市から離れた全寮制の伝統文化学校に入れたことで、歌手のファンの中で大きな話題になった。たまたま件の伝統文化学校の近くの駅に立ち寄った私は、どういう学校なのかと好奇心を抱き、タクシーで、この伝統文化学校に出向いた。前を湖、後ろを小高い山に囲まれる大きな敷地に建てられた学校の立地のよさを目の前にして、そのリゾート感に感嘆の声を発したのも束の間であった。

私の乗っているタクシーが前の乗用車につづいて、門を入ろうとしたところ、保安に止められた。一方で、後ろから入ってきた一目でわかる高級車が、全く保安に止められずに直進して入っていった。その光景に驚きを感じずにいられなかった。帰りに、タクシーの運転手にその理由を聞いてみたら、あの学校は金持ちの子しか入れないから、高級の自家用車ではないタクシーが止められるのは当然だと言われた。

運動手のなにげない説明に、私は伝統文化の教育が今の中国では、伝統文化への憧れを超えて、富やステータスの象徴にもなっているのだと妙に納得した。

儒教の有効性についての議論

二〇〇四年一〇月二七日の『新華毎日電訊』は、韓国のテレビドラマや映画が中国、日本のテレビ製作者を打ち負かしたのは儒教の精神だったという趣旨の記事を載せて、今の中日を席巻している「韓劇」の秘密兵器は儒教の精神だったと主張している。記事によれば、東アジアの三つの国、中国・日本・韓国のテレビドラマがいずれも家庭を題材に制作されていながらも韓国のテレビドラマばかりが中国と日本の両国の観衆を魅了したその理由を、韓国式の感情の表現の独自性のほかに、韓国のテレビドラマに現れた儒教的な伝統の味わいが中国と日本よりも強烈なことに求められるという。韓国の劇やドラマに描かれている数世代同居の家庭の雰囲気、年長者への敬い方が、中国や日本の観衆にとっては、ある種のかつてあったものに対する郷愁を引き起こすものであったと記事は強調する。そして記事は、元々儒教精神が中国の伝統文化であるにもかかわらず、韓国の製作者が中国の観衆の心を奪う利器になり、悠久の歴史を持っている中国人が韓国のドラマの中に伝統文化の慰めを求めなければならないのはなぜか、という嘆きの言葉をもって締め括られていた。

近代中国が近代化を目指す中で、いち早く糾弾されたのが儒教精神であった。二〇世紀初頭に起こった五・四運動も西洋文化を謳歌し、「孔家店打倒」、つまり孔子を代表とする儒教文化を排除することを公言するものであったが、韓国のドラマに現れた伝統文化の代表である儒家精神の再評価は、二一世紀の中国人が二〇世紀の近代化過程を見直す動きを速めていることを暗示するものであろうと思われる。

もちろん、現代の生活における儒教文化のマイナス面の影響についての指摘も根強くある。二〇〇四年一〇月の中国共産党の機関紙『人民日報』のウェブサイト「人民網」には、「儒家文化は反腐敗運動の巨大な障害物である」という読者コメントがある。それは儒家文化が元々厳しい上下尊卑の等級制度を標榜するもので、民主や法律に反対する社会観念であり、それ自体は腐敗に青信号を出し民主法制に赤信号を出す文化で、反腐敗を推し進める現代の社会と相容れないものだとしている。儒教文化が有害か有効かをめぐって、全く相反する二つの議論が行われているが、それは今の中国社会の抱えている問題が、経済発展の維持と新しい社会倫理の構築との関係上にあることの一つの表れであり、また人々が真摯にそれを思考し問題解決のための糸口を捕まえようと動きはじめていることを示すものでもあろうと思われる。

外国の大統領と中国の「大富豪」

直接的に儒教文化との関係には言及していないが、「腐敗」という大問題を根絶できない今の中国の現状に対する強い憂慮を示した次の記事もある。

「成都の大統領専用部屋はなぜフランス大統領を「逃がした」のか」というタイトルの『市場報』の記事（二〇〇四年一〇月一一日）では、中国を訪問したフランスのシラク大統領が四川省成都での宿泊先で、中国側が勧める高級ホテルの広さ四〇〇平方メートルの大統領専用部屋を断って、自ら同ホテルの面積六四平方メートル、一二〇〇元（二万円足らず）の普通並みの部屋に指定し直したことへの国内の反響を紹介した。なぜ先進国フランスの大統領シラクは最高級の部屋を拒否して、普通の部屋に変えたのか。マスコミの報道の多くもまるでわざと憶測を掻き立てているように、過熱な議論を取り上げた。高額な宿泊料に圧倒されて、フランスの納税者たちの気持ちに配慮したのか、わざと政治的なパフォーマンスを見せたのか、それともフランスの伝統文化における「誇張より典雅」というセンスを披露しようとしたのか、はたまたフランスの全人口に匹敵する貧困人口を抱えている発展途上の中国の西部に入ったシラク大統領が中国の言葉である「郷に入れば、郷に従う」という美徳を実行しただけなのかと、推測や議論が尽きなかった。

一方この議論は、中国国内の高官たちの贅沢とフランス大統領の選択の対照という意外な発見をも引き出した。前述の大統領専用部屋と似たような部屋（一日六万元、約八〇万円——二〇〇四年当時の為替レート）を持っている五つ星のホテルは、中国では一七五あり、これはアメリカの同等レベルのホテルの数の四倍である。普段こうした豪華な部屋は、外国の元首よりも、中国国内の大臣クラスの高官や国営企業の高官が公費で使用している。

他にも外国人をびっくりさせる「記録」があった。世界最大のクレジットカード企業（ＶＩＳＡ）の統計（二〇〇五年）によると、全世界において前年中に海外旅行で一度に使われたクレジットカードの平均消費額のトップは中国人の二五三ドルだった。二〇一一年にＶＩＳＡ（プラチナカード）が行なった調査によると、中国の富裕層の海外旅行一回あたりの平均消費額は四四四八ドルで、アジアの他の国、地域を上回る。世界中に旅行に出かけている中国人客の豪華な消費ぶりが多くのいわゆる先進国の人々を瞠目させている。しかしある権威のある統計では、こうした中国人の高消費市場を支えた高収入階層は、企業家出身の金持ちではなく、ほとんど公費消費と「転軌富豪」（権力や国の資本を自分の私有財産に転化させた人々）といういわゆる「問題富豪」であった。

ホテルの宿泊先の部屋を替えるというゆたかな国の大統領シラクのささやかな行動が、かくも中国のマスコミや世論の注目と議論を呼んだ裏には、実はこの外国の大統領と中国の「大富豪」の明らかな行動タイプの違いがあった。

孔子をめぐる熾烈な論争

同じ問題意識は孔子をめぐる熾烈な論争においても見ることができる。ここでは孔子の人間像と儒学の現代的な意味について非常にさまざまな観点が示されている。孔子の教えを二一世紀の中国の精神的な源泉とみなす人がいる一方、孔子の教えが中国の近代化を妨げたものであるとして批判すべきだという人もいる。

『北京晩報』に載った文章「孔子は飼い主を失った犬からペットへ」（二〇〇七年五月二三日、蘇文洋）は孔子ブームを辛口で論評しており、孔子像の多様性の背景を分析している。その話題は北京大学の教授、李零が『論語』についての本（李零『喪家狗――我読「論語」』山西人民出版社、二〇〇七年）で孔子を「飼い主を失った犬」と名づけているところから始まる。それによると、孔子は飼い主を失った中国知識人の典型であって、聖人孔子は現実に存在したものではなく、歴代の支配者と権力に寄りすがる文人たちが作り出したフィクションであった。二千年あまりの歴史の中では、孔子を敬ったり、孔子を貶めたりする活劇が繰り返して行われている。社会変動のときは、「孔子反対」になり、安定した時代になると「孔子尊敬」になってくる。孔子は同じでも、社会が変動するか安定しているかで、孔子への評価が変わるという。

上の新聞記事では孔子の愚民観などを指摘して、孔子は一般人民のためのものではないとしている。それによると孔子の『論語』の語録は修身、斉家、治国、平天下を論じる「常識的な道徳」であって、一言一句全部が真理の言葉ということはできないし、全部がでたらめということもできない。現実の孔子本人は、「官僚」になりたかったけれども、父親が高級官僚ではないので、家からお金を持ち出して官位を買うこともできなかったらしい。孔子にせいぜいできたことは

「束修」（師への謝礼。干した肉十束）を取るぐらいで、これも現在の多くの学校で徴収している「学校選択費」と比べると大した額ではないという。これは明らかに孔子の論評を通じて現実の問題に触れ、今の学校制度を暗に批判しているものである。

記事では孔子の思想が、特に漢代以降は支配者に利用されて、「飼い主を失った犬」がいつの間にか番犬になり、思想統制の警察官として機能したこと、その後孔子批判と孔子崇拝が繰り返されていくことに触れて、孔子を思想の道具として利用する世間が孔子像をつくっていると指摘している。同記事は、さらに現在の孔子ブームは番犬としての孔子よりも、愛玩の対象であるペットとしての孔子を楽しんでいるものであると語る。そしてベストセラーになった北京師範大学教授、于丹の『論語心得』（中華書局、二〇〇六年）という本は、まさに孔子をペット扱いするブームを作った張本人であるとする。この本は、同時に孔子をキリスト教に並ぶ中国の特色ある魂を救う心の薬として仕上げようとしているものであるという。

無限に作り出される孔子像

『北京晩報』での指摘は、孔子のイメージが実際に存在した孔子とは関係がなく、孔子以後の中国のさまざまな社会状況に規定されながら、限りなく生み出されてきて、今なお生み出されつづけている現状を示しているかもしれない。

世の中で流行っている伝統文化への回帰は、実は本来の伝統文化そのものとは関係なく、現実の必要によって実用的に作り出されたフィクションに過ぎないのではないかという問題提起は、最近急速に増えつつある「国学」の振興を大声で叫ぶ学者や知識人のあり方への疑義を含んでいる。それは、学者や知識人の一部の伝統への視線が、今の政治への利用価値だけに向いていて、本当は国学や孔子を心から大事にし、理解しようとはしていないという学問のあり方への疑問である。そして孔子万歳、伝統万歳と叫びながら、豊かな伝統文化や偉大な孔子学を振興しようという「大志」を見せても、結局どれも空振りの政治的な演出の域を出ない世相一般への疑問でもある。

3　現代政治と「天理」信仰

古代儒教には、「天地人」という上下秩序を信仰する世界観がある。「天地人」の信仰では天は普遍性の根源を担う存在で、地は自然の根幹をなし、人はこの天と地の間に立つ存在である。人間社会には、天との距離によって、天子、聖人、賢人、士大夫、庶民という階級的な秩序が形成されている。古代政治の根本は人々が天から出てくる普遍的で絶対的な「天理」を悟って従うことである。また天理とつながりのある概念には「天子」という言葉がある。古代中国の政治の頂点に立つ皇帝は、広く「天子」と認められ、一般人から見ると、皇帝は天そのものではないが、天の代言者であり、天と人を繋ぎ、天理を悟ることができる人間世界の傑出する存在である。また皇帝と天を繋ぐものには「龍」という仮想動物がある。龍は天界と人間界を往来することのできる神聖なもので、皇帝の利用する多くの建築や家具において龍の模様が描かれているのも、天子、聖人、賢人、士大夫、庶民という階級的な秩序の中に位置づけられる皇帝と龍の特別な関係性を物語るものである。皇帝の人間世界における最高の権威を裏付ける最も重要な要件は、皇帝が「天理」という普遍的な価値と原則を獲得していることである。近代以降、中国の政治がマルクス主義のイデオロギーを政治の主流に据え、固く堅持するという思考をとるのは、もともとの儒教伝統における「天理」(普遍的原理原則)への信仰と無関係ではない。

西洋の中でもマルクスの唱えた社会主義が、世界において最も進んだ「天理」である以上、それを堅持し、現実化していくことの大義名分が成立することになる。中国的市場経済という考え方も「天理」に置き換えることができれば、これも正当化される。「天理」意識はあらゆる現実政治が必要とする思想や主義の正当化のための装置といってもよい。このような視角から現代中国の思考回路を観察すると、社会主義と孔子の共存という理解しにくい政治的姿勢にも一応の解釈が可能である。

社会主義と孔子の共存

町の至る所に掲げてある中国共産党の公式宣伝スローガンには「人民に奉仕することを光栄とし」、「科学を尊ぶことを光栄とする」とある一方、もう一つには「誠実で信を守ることを光栄とし、利を見て義を忘れることを恥とする」というのがある。前者は、社会主義イデオロギーの精粋であって、後者は、孔子の教え、すなわち儒教修養の最重要概念である。社会主義と孔子が共存することになっているのがわかる。一部の論者は、儒教を現代社会にプラスの影響を与えるものとし、人間を尊重し、人間の尊厳と価値を重んじること、教師を尊重し、「道《みち》」を重要視し、年寄りを敬い幼児を愛護すること、「民を国の本」とすること、義を重視することを挙げた。マイナスの影響を与えるものとしては、名分を極端に強調し、尊卑貴賤を容認する階級意識、血縁を極端に強調した家族観念、古を過剰に理想化する観念、個の独立よりも相互依存の人間関係という点を取り上げている（宋仲福（他）『儒学在現代中国』中州古籍出版社、一九九一年）。こうした学者の分析には、中国社会に現れている相反する儒教価値の中から現代社会に適応できるものを引き出して生かしていこうという共通した姿勢が見える。

社会主義信仰に見る儒教の面影

社会主義信仰にも儒教の面影をみることができる。西洋出自の社会制度や思想体系が根づく前の、固有の知的状況が近代化初期に大きな影響を与えることは、後発の近代化国家として、決して例外ではない。このような影響は、双方向のもので、東西文明の出会いや融合を示す面もあったといえる。しかし、戦後の中国では、急激な社会主義運動を進める中で、伝統文化を批判し断絶することを余儀なくされるようになった時期があった。社会主義の発想は、西洋のマルクスなどから出ているものだから、広い西洋文明の中からマルクス主義に限定されただけであり、むしろ伝統との対決や儒教への批判では近代初期と一致しているといえる。しかし深く観察すると、近代初期は西洋の価値をいかに理解し、取り入れるかに重心があるのに対して、現代は理想と思われる社会体系を自らがいかに実現させるかというところにあることがわかる。したがって中国の社会主義運動は、マルクス主義を含めた西洋の理論を咀嚼し整理するよりもその実用を重んじる傾向を最初から持っている。これは毛沢東による社会改造についても言える。中国社会の精神構造を再建することを最大の課題にした毛沢東の時代では、西洋の理論に対する理解も伝統に対する考察も、社会主義というイデオロギーの現実化のためには二の次にせざるをえなかった。近代初期の積極的に西洋思想を学んだ状況から一歩後退した文化大革命前までの社会主義中国の人々は、西洋も、伝統をも意識しない奇妙な状況になっていた。それは単に社会主義というスローガンに引きずられ、支配側と被支配側の両方に揺れ動き、行き来する存在になっていることを意味する。ただし人々の意識とは無関係に西洋も伝統も密かにすべての人々の生活の一部になっているのが事実である。

こうして完全に西洋を模範とした近代社会の体制や体系よりも、王朝政治の政教一致を彷彿とさせるような新たな政教一致の政治システムができあがり、中国独自の社会主義体制が生まれてくるのである。この政教一致の社会主義では、経済的には資本主義諸国に大きく遅れてしまっていても、人々はまだ貧しくても品があり志があると自慢する世の中になっていたのである。

改革開放とイデオロギーの欠如への自覚

こうした精神性を第一に追求する流れを大きく変えたのは、改革開放を進めた鄧小平の呼びかけであった。八〇年代より本格化した改革開放の実行によって、中国は、社会主義対資本主義の争いから抜け出して、毛沢東のイデオロギー一辺倒の時代から、経済発展を最優先に求める時代に入った。政治支配を独占する共産党でも、建前として持っているマルクス主義の理論と現実で行っている市場経済の実際の間にある不整合に悩まざるをえない。

共産党内部でマルクス主義理論の学習が求められるかたわら、伝統思想、とくに儒教文化を再開発しようとする活発な模索も進められている。

社会主義というイデオロギーを実質的に信仰しなくなったかのように見える今の中国人が、その代わりのものを求めているのは確かである。現在の人々の精神面を支えているものとしては、十分に消化しきれていない西洋出自の多くの学問や思想および信仰だけでなく、蘇りつつある伝統文化、特にかつて中国社会の政治構造、人間関係を支えた儒教文化の存在もある。

第三章　儒教的価値観と現代文化との相生相克

古代に生まれた儒教の精神が、現代社会に通用するのかという検討課題において、まず現代の価値観とぶつかってくるのは、「集団より個を尊重するのかどうか」という問題である。

この章では歴史をさかのぼって「徳と孝」「礼」「尊師重道」「中庸」「道と徳」「義利」「公私」「生死」などの概念を考え、現代においてモラルとされることとの関係を考える。

1　国家教化の根本であった「徳と孝」

『周礼』（経書の一つ。『儀礼』『礼記』と合わせて三礼と称する）の価値体系では「徳と孝」が特に重要な意味を持っている。それはつまり徳を備えた人間になり、先祖とのつながりや親孝行を大切にすることを奨励する『周礼』の価値体系と倫理範疇の中心を現すキーワードである。このような価値体系と倫理範疇やそれに伴ってでき上がった宗法制（同族家族の中での嫡長子相続や、本家と分家の関係、祖先祭祀などについて規定される制度）や分封制（諸侯に領地を分け与える制度）

などの一連の社会制度は、のちに周の統治思想として、春秋戦国の儒家によって祖述され、拡大され、歴代の文化や政治を規定する根本思想になっていく。宗法制と分封制の実現によって周代の政治、社会生活における天命、君権、宗族を融合する枠が決められ、その後の中国文明の指向性を作っていく。

こうした基盤があって、教育は、「官師合一」（教師の任用は国によって指定される）となり、教育内容も礼と楽を中心にして、射、御（馬術）、書、数を加える。礼教とは政治、宗法、人倫道徳、礼儀に関する定めである。楽は人心を感化するものとして祭祀や音楽についての知識を教え、楽徳、楽語、楽舞の教育に分けられる。楽徳教育には、等級意識や上下尊卑、秩序意識を音楽の音色やリズムの中から体得させるというねらいがある。楽語教育は古典の理解、楽舞は宮廷舞踊の習得などを中心に行う教育である。

しかし西周の末期になると、周王朝が苦心して作り上げた礼楽制度は「礼崩楽壊」の局面を迎える。民間教育機関や私立学校の設立が相次ぎ、朝廷に一極集中する独占教育体制を揺るがしはじめる。これは官学の相対化をもたらしたのみならず、天と人間との関係、学問の意味を見直すための新しい思考の形成にも繋がっていった。

『大学』の八条目

儒教の道徳体系は、人々の主体的な道徳規範に対する自覚と社会における客観的な倫理秩序の両面を含む。その源泉となるものは『大学』（儒家の重要論集の一つ）の八条目である格物、致知、誠意、正心、修身、斉家、治国、平天下である。格物は事物の道理、規律を極める。致知は格物の結果で正しい認識に到る。誠意は誠の意を持つこと、正心は心を正すこと。修身は内面の世界、個体内の精神に求められるもので、斉家、治国、平天下は外面の世界、社会との接点に訴えるものである。こうした内面の世界と外面の世界を結ぶ秩序が、人と人の関係のかたちを決定する。その秩序を示す概念は、「三綱五倫」である。

「三綱」は人間と社会を結ぶ倫理体系で、君主は臣下の綱になり、父親は子どもの綱になり、夫は妻の綱になるということである。それをさらに細かく規定すると、父子・君臣・夫婦・長幼・朋友という人間が必ず遵守すべき社会関係、家族関係の基本を示す五つの倫理となる。

これらは、王朝政治の求める理想社会を実現するために設けたものであり、近代になってから盛んに批判されてきたものである。たしかに個の独立を前提としていないこのような人間関係の準則は、上から下へと縛られた、硬直し歪んだ人間関係を助長するもので、個々人の活力を保ち、広く社会の発展や個人の成長や活躍に寄与することが難しかったといえる。封建王朝の君主が個の犠牲を求めながら、社会を安定させ秩序を持たせて、大きな力の結集により、天下の（ときには私の）大事業を成し遂げることがあったとしても、その代わりにどれだけの個人の権利や気持ちが踏み躙られたか想像するに余りある。もう一点気になるのは、先述の道徳体系が主に治国、平天下の方に向いており、基本的に為政の道に関わるものということである。もちろんすべての個人の行動を為政の都合に合わせることは、極めて窮屈なことである。

一方、序論でも触れたように現実の中国では、このような儒教倫理が経済発展に寄与してきたとも言われている。これはどういうふうに説明されるべきであろうか。

簡単に答えれば、近代社会としての枠組みが整った環境のなかで、近代社会の基本理念を覆すことなく儒教的思考を生かすと、西洋出自の近代的価値観が内包する問題や矛盾を解くために役に立つことがあるということである。個を尊重するなかに、集団の協調性の知恵を多少取り戻すことにより、組織に安定感が生まれ、バランスのよい経済発展が可能になるのかもしれない。人々の生活に深く入り込むことの可能な儒教倫理は、大きく分けると次のようなものである。

忠恕の道

忠恕というのは、孔子のいう「一を以て之を貫く」原則の一つで、かれが生涯実践しつづけた対人道徳の基礎である。忠は忠信のことで、誠意を持って人に当たることを意味するものである。孔子の言葉である「己立たんと欲して人を立て、己達せんと欲して人を達せしむ」（『論語』庸也第六。自分が何事かを成し遂げようと思えば、まず人を助けてその人の目的を遂げさせる）には、孔子の勧める、積極的に人との関係を築いていく心得が書かれている。自分の気持ちをもって他人の気持ちを推測する対人関係の心得として、「己の欲せざるところは、人に施すなかれ」（『論語』顔淵・衛霊公第十五）というのは、恕の境地を説明したものである。要するに自分の嫌いなことやりたくないことを、人に強制してやらせないことを言っているのである。他人にそのように自分を扱ってほしくないなら、自分もそのように人を扱わない。これは広い心を持って人に当たり、善を以て人に対処することである。こうした原則は、儒家の人間学をよく示している。

儒教文化は人と人との協調を重要視し、それは、個人の道徳や人格に裏付けられると考えられている。同様に君と臣との関係についても、「君は臣を使うに礼を以てし、臣は君に事うるに忠を以てす」というように、上のものは下のものを尊重し、下のものは上のものに力を尽くすことによって、両者の忠信関係が繋がっているのである。その上に、周囲の人への思いやりや寛容の心を加えれば、個人と個人、個人と社会との関係はスムーズに維持でき、社会全体は順調に発展することができると考えられている。このような儒教的発想は現代社会の公務員の職業倫理の形成にも通じるものがある。

公務員の職業倫理も忠誠心の一部

伝統社会の「忠誠」は忠君愛国ということが主であるのに対して、現代社会では、むしろ民主・自由・平等などの理性原則に対する忠誠が要求される。現代社会の軍人や官僚などが重大な行動を起こすときによく見られる憲法や政府に忠誠を誓う現象は、忠誠対象の変化を物語るものである。

また、現代社会では、職業も忠誠を誓う対象になる。ウェーバーはプロテスタント倫理を西欧の資本主義の発生に関連づけて、天職観念（世俗の事業の完成を一人の道徳行為の力の及ぶところの最高境地とする考え）や予定論（現世の人々の存在はすべて神の名誉や権威のためにあるという考え）、世俗的禁欲主義（勤勉や節約を道徳使命とするという考え）を資本主義文明の発生や経済発展をもたらす精神的要素として高く評価している。これに対して、儒教の忠信は天理の現れである仁の実現に示され、人と人の間の関係を強調し、世俗的禁欲主義や天爵意識（天から賜った爵位、生まれつき持った徳を信じる意識）への結びつきを見せている。仁は公に通じるもので、公平という概念に近い意味を持っているのであるが、仁を達成することが天爵とみなされるために、職分への忠信は、職業そのものよりも、職業に繋がる天の意志（具体的には国の奉ずる主義主張や首領の呼びかけとして現れる）への忠信を尊ぶ傾向がある。

中国の『公務員法実施細則』（二〇〇六年）第二章（五）には公務員の職業倫理の一つで職掌に忠を誓う事項があるが、それは公職の人々に、敬業精神のある、責任感のある姿で、仕事に臨むことを要求するものである。つまり、職場での作業を厳格に実行し、職掌を完全に履行することである。教職への忠誠についても同じである。現代中国では、教育を愛し、教職に忠誠を払うことを教師へ要請している。よい教師かどうかの評価にあたっては、教育に従事する才能や知識の有無だけでなく、教育活動に対する態度や献身ぶりを見る傾向が強い。これらはみな天職精神に近い天爵意識の現れであって、職業そのものよりも、所属する組織や国家、組織を率いるトップへの忠心がこのような敬業精神の特徴である。アメリカの哲学者ロイス（一八五五〜一九一六）

も「忠誠の哲学」について所論を述べている。かれは「忠義を尽すはそれより個人の善を得えるゝの故に非ず、経験の高等統一たる対象が忠義より得る善の為なり、而も忠義は最高の善を与ふ是れ忠義は社会意志の世界に於ける吾人の位置を決定して吾人をして其中に生存し活動せしむ故なり」(ジョサイア・ロイス、鈴木半三郎訳『忠義の哲学』洛陽堂、一九一六年、二四六頁)という。ここでは、忠義を尽くすことの意味を、個人的な善の獲得よりも、高度に統一した社会的な善の獲得に置き、それは個人の社会意志の世界における位置を決めるものであると強調している。

儒教の忠誠意識における普遍的な天理との合一を求める思考には、ジョサイア・ロイスの「忠誠の哲学」の社会意志としての善に近いものを見ることができる。だが、天と人の間に世俗権力が入り込むことを防ぎきれないために、結局、「天下の私」に寄与してしまうことを避けることができず、絶対自我である天理への忠信よりも、権力への忠信に転向を迫られることが多かったと言える。「忠信」とともに社会規範、政治規範を形作る際に「礼」の存在も大きい。

2　社会規範、政治規範としての「礼」

礼と社会との関係性を示すものには、まず克己復礼《こっきふくれい》という言葉がある。克己復礼とは自己修養や自己抑制という道徳実践を通じて自己の超越という宗教的境地に到達することである。礼を通じて私欲抑制をし、一定の拘束を受け入れたうえで、道徳的・精神的な共同体に自己を結び付けるという過程を指すものであるというふうに理解することもできる。

礼というのは社会組織、政治制度、社会秩序などの上部構造を示している。この礼を保つために、「克己」（自己抑制）を実行する必要がある。ここでの己とは、社会秩序と集団規範に合わない個人の考え方や行動をいう。「克己」の強調するものは、個人が他人からの強制ではなく内在的な自覚によって、積極的に道徳的修養をし、自分の考え方と行動を社会の道徳的な要請に符合させることである。外在的な礼を維持するために、内在的な「克己」の実行がいつも強調されている。これは反省を伴うものである。外にある聖人をモデルとし、あるいは不肖の者を戒めながら、絶えず自己完成させようと修正していく人生態度を要求するものである。

礼は統治様式についての考え方として、国家、社会、家族、個人のあり方に緊密に関わるものとなっている。『礼記』には「それ礼、先王以て天を承く道なり、以て人を治める情なり、故にそれを失うものが死、それを得るものが生く」（『礼記』礼運）とある。要するに国の政治を左右するものは礼であり、礼によって治めることこそが理想政治の境地であると強調するものである。礼の獲得は公の秩序の形成を意味するもので、己の私を克服すると共に現れてくるものだと考えられている。公の秩序と個々人の自我の対比は、礼という公の秩序への強調と自我の主張への抑えと対になっている。このような考え方が、古代から現在にいたるまで中国社会を安定させた秩序を形作っているのである。

己を克服し礼に復ることは、儒教倫理の目標と実践方法の両方を内包している。「己を克服する」ことによって、天理に違《たが》う私を磨き、礼を持つことによって平天下という理想に最終的に到達する。儒教における個人倫理に勝る社会倫理への強い指向性をここに垣間見ることができる。以下、礼をめぐる現代中国社会の人々の戸惑いと思索を示す興味深い事例をとり上げてみたい。

跪いて挨拶する小学生

二〇一四年、北京の新聞（「新京報」一一月一九日）では、大勢の小学生が学校の教師に「跪《クィ》拝《バィ》」（土下座する形の挨拶）をしている写真を、ある語学教師が自分のホームページに載せたことをめぐって、議論が活発に行われていた。教師を尊敬することを教えるために設けられている九月九日の教師の日の前後に出た話題である。教師に敬意を持たない事態の深刻化を憂慮する有識者は、教師に尊敬の念を示すことを教えた意味においては理解できることではないか、という意見を述べた。一方、生徒の自主性や尊厳を無視して、一律に土下座させる演出は、極めて乱暴な行為であり、現代社会の自立自尊の考え方に違反するものだと批判している人も多かった。さらに、一人も抵抗や拒否を示す児童が出なかったのは、現在中国の子どもたちの自尊心や自立心が欠けているのではないか、と現状を憂慮している声もあった。

中国語で「跪拝」というのは、要するに跪いて拝むことで、敬意を表す身体言語である。古代では、相手との関係にふさわしい二つの挨拶の方式を指す「九拝」という言い方がある。一つめに頓首というのがある。古代の人は畳に座る機会が多いので、頓首をする時、跪く姿をするのが常である。両手を胸もとで組んで頭をたれ、ついで、両手を両脇に戻す動作をするお辞儀である。この場合、頭が地面に着く時間が短いので、頓首という。頓首は同じ世代の人の間のお辞儀である。もう一つは稽首というのがある。これは臣下の者や子どもが主君や父親に対してするお辞儀の表現である。お辞儀の形は同じだけれども、頭が地に着く時間が長くなるので、上のものに対する服従や尊敬の意を最大限に示すものである。それに関連したものとして、空首というお辞儀もあるが、これは頭が地面に着かないうちに、戻るものである。空というのは、空中に止まるという意味を表している。古代の一般的な「拝」というのは大体、空首を指すことが多い。この空首のお辞儀は、上下尊卑よりも、お礼の気持ちを最優先にしているので、これは現在の挨拶に最も近いものだったといえよう。

古代では生徒が教師に頓首または稽首をしても自然なことだったが、現在の中国では、極めて異色の行動に見えてしまうというのは、現代社会では人間関係の構図が完全に変わったことと、教師に対する意識も微妙に変化していることに起因している。文化としてすでに現在の社会に機能していないお辞儀の形式に、現代的な息吹を入れて蘇らせようとすること自体、理解が難しいとされても仕方がないことである。公的儀式への服従と私的な気持ちへの尊重を両立させる工夫が大人たちには必要ではないかと思われる。

「尊師重道」への捉え直し

伝統中国には、「尊師重道」という非常に重んじられる社会道徳があった。しかし近代中国では、「教師は知識を伝えても必ずしも道《みち》を教えているとは言えない」という理由で教師を尊敬する社会的雰囲気は薄くなっていった。二〇一〇年代になって、科学を重んじようという近代化の要請にあわせて教師を尊敬する声が高くなったので、教師の授業を妨げ、反論したり、あるいは教師を殴ったりすることについては、マスコミが大きく取り上げ、議論の対象とされることが多い。

こうした議論のなかで、教師を尊敬するべきという考え方はおおむね共有されている。たとえば学生が授業内容について質問をすることは尊師重道を否定することになるのではないかという議論があった。昔は教師の主な仕事は、道を伝えることであった。したがって昔は教師こそ道の実践者であり、道を伝えることが仕事であるとされ、教師は道を重んじ、学生も道を重んじるなら、自然に教師を尊敬する。両者は分けることができないものである。だから、学生も教師の教える内容に疑問を持つべきではないという考え方が成り立ち得た。しかし今日の教師の主な仕事は知識と技術を伝えることであり、道を伝えるのではない。したがって教師個人の考え方が出ている教育内容に学生が疑問を持つことはあり得ることで、科学はまさに質疑と批判を通じてより真理に近づくものである。教師は学生に自分の受けいれた知識に対して懐疑と批判を行うことをむしろ奨励すべきである。これは「尊師重道」の考え方とはけっして矛盾しないという。

現在の教師は必ずしも求道者ではないので、今日の学校では、「尊師」をいうことがあっても、

「重道」をいうべきでないというのが一部の結論となっている。

一方、知識と道徳が隔てられるのが近代教育のスタイルであると言えるが、知識があっても道徳がない人間の頻出をどう防ぐかという課題が、市場経済化した今の中国社会では以前よりも大問題となっている。人間関係を左右するもう一つの儒教的価値には「中庸」がある。この中庸の価値の現代的展開は、現代中国の道徳模範の産出に繫がる一面も見せている。

3　中庸は矛盾と衝突を避ける知恵

「中」は、立場が偏らず正しいこと、ほどよいことの意味を持ち、「庸」は、いつも変わらないこと、普通であることなどの意味を持っている。

人間関係の準則として、社会関係において和を尊び、人と人との関係において過不足のない態度を尊ぶ。事に当たるとき過剰がなく、及ばないこともなく、ちょうどいいところに落ち着くことをよしとする。

中庸の原則には、理屈よりも情理（常識）を重んじる意味合いも含まれている。中国では何か議論が起きたとき、よく「合情合理」、つまり情にかない、かつ理にかなうかどうかを問う傾向がある。常識的にバランスよく物事を判断できることは、健全な人間と評価されるための必須条件である。儒家思想では、情と理は対立した概念であるが、この情と理のバランスをとり、常識の感覚を失わないことが大切にされる。こうした中庸の道は、研究者としてはゆきすぎた理論化への努力を控えさせ、宗教家としては絶対性へのこだわりを弱めさせる。こうした儒教文化的価値の実践のしかたは、長い間中国人の精神生活に溶け込んでいて、人々の思想活動、政治活動、社会行為に影響を与えるものになっている。またこのような価値観は現代社会の抱える矛盾や諸問題に答える精神資源として、生かしていくこともできるだろう。

現代の「道徳模範」

二〇〇二年に胡錦濤（一九四二〜。政治家）が中国共産党の総書記になってから、中国政府が道徳建設の必要をこれまで以上に強調するようになった。また二〇〇六年、胡錦濤は官僚や民衆、特に青少年に「八栄八恥」という社会主義の道徳規範を提唱した。「八栄八恥」はそれまでの共産党のイデオロギー的政治スローガンを一歩抜け出し、誠実さと信義を守ること、法や規律を守ること、また科学を尊重することなどを含んでいる。

政府側は二〇〇七年以降、全国的に道徳模範者の表彰活動をしてきており、二〇一九年には五八人の全国道徳模範を選出し、二五七人ほどの人が全国の道徳模範者の候補に挙げられた（二〇一九年九月五日、新華網）。

北京の新聞は、全国の道徳模範者の選出を公表する授賞式について、毎回大きな見出しで報道している。選出された道徳模範者たちの写真が豪華に紙面を飾り、全員の名前も紹介つきで掲載されている。そして中央テレビの中継で政府や党の指導者も出席する授与式が映され、「道徳の力」をアピールした。

道徳模範は徳治の伝統に由来する

道徳模範者に選ばれる理由は、明らかに中国の伝統道徳とされる仁義理知信孝忠にあたるものばかりである。徳で国を治めるという伝統を復活させようとする意図を感じる。古代中国の概念で、道徳は徳のことで、徳に関連する概念が色々ある。例えば、「天徳」というのは、道徳の普遍的根拠を天に付与することによって、道徳の絶対性を確保するものである。至徳、大徳は天意を受けた最高の徳で、小徳という対義語もあり、徳の中の最高の境地をさしている。九徳は、九つの徳で、為政者の品徳とするもので、内容は文献によって異なるが、忠、信、敬、剛、柔、和、固、貞、順（『逸周書』「常訓解」）というようなものである。三徳とは、『周礼』に出ている三つの道徳で、中和（中正・調和の取れていること）、仁義順時（人に愛、正義を持ち、自然に親しむ）、尊祖愛親（祖先を尊び、父母を敬う）である。四徳とは、女性の徳であり、婦徳（女子の守るべき徳義）、婦言（女子の言葉遣い）、婦容（女子の身なり）、婦功（女子の仕事ぶり）というものである。これは四行とも呼ばれる。五徳とは、儒家においては、理想的人間像を示すもので、温、良、恭、倹、譲のことである。六徳とは、古代では官吏選抜の基準で、知、仁、聖、義、忠、和をいうものである。

これらは、中国の伝統的価値をよく示しているものと言える。法や刑罰という外からの統治原理に対して、人々の内心の自発的発動に期待する支配原理として、中国社会の秩序維持に貢献してきたものである。近代以降になっては、伝統批判や儒教批判の流れに沿って、中国の表社会からこれらの道徳は、急速に消えてしまったように見えるが、実際にはこれらの道徳原則が依然として中国人の社会的行動様式に影響し、規範を与えてきている。現在になって、道徳模範者を選出し、激励するこのようなキャンペーンが行われているのも、この伝統がなお生きていることのなによりの証明であると思われる。二〇一七年一一月一七日、全国精神文明建設表彰大会の場で、現国家主席習近平も人民大会堂にて六〇〇名もの参会代表と会見した。その撮影会の時、高齢の九三歳の黄旭華（中船重工七一九研究所名誉所長、核潜水艇専門家）と八二歳の黄大発代表（貴州地方の村長、水道事業で評価される）に大勢の参加者の中から、前列の自分の隣に立つように指示したと言われている。会議後、習は関係部門の幹部たちに、年長の道徳模範者に席を譲ることは、尊老敬老の伝統美徳で、これは人倫の常情であると説いたという（「央視網」二〇一七年一一月一九日）。道徳模範者の選出は、現指導部にとっては、権威と権力を見せる場である上に、民心獲得のための重要行事でもある。

道徳強化の裏には腐敗問題

道徳の強調は、マスコミに対する厳しい取り締まりをもたらす。特に性に関する部分の取り締まりは厳しい。その結果、テレビドラマやテレビ番組における性に関わった内容は放送を止められ、性生活に触れるようなコマーシャルや広告も制限されている。

中国共産党がこれほど道徳建設の重視を突出させているのは、逆に中国における道徳問題のおかれた厳しさをも示唆しているといえよう。共産党の官僚や役人の汚職、横領、腐敗した生活ぶりがすでに中国共産党の威信を著しく傷つけているといわれている。アメリカの公共政策研究機関カーネギー国際平和基金が出した研究報告によると、汚職と横領は中国経済に年間、八六〇億ドルの損失を与えているという。腐敗問題は大いに中国の政治と経済の安定を脅かしている。

役人や党員の腐敗に端を発して、一般社会の道徳風俗も低下する一方であり、利潤の誘惑に引きずられて環境汚染を行い、偽の薬を生産したり、質のよくない、もしくは有毒な食品を生産したりしている事例が頻繁に報道されている。憂慮すべき現状に対する政府側の危機感が高まっているのも当然であるが、一方民衆のほうでも腐敗の排除、権力への監督を最大の関心事にしていることがマスコミの調査で明らかになっている。もちろん官僚や役人の自律を求めた道徳的要請が、法制度不備の状態の下では一定の意義を持っているが、根本的な問題解決にはならないかもしれない。中国的社会主義の理念と市場経済の制度を両立させようとする試みは、実に多くの難しい課題を抱え、厳しい試練に直面しているということができるだろう。

4 「明礼」から市民道徳の再構成へ

二〇〇一年に発表された中国政府の『公民道徳建設実施綱要』では、社会主義市場経済体制の建設と完成の過程に合わせた市民道徳の再構成が試みられている。この綱要では社会主義の理念と市場経済の現実に照らして、理論的に市民道徳の建設の必要性が論じられ、「愛国守法、明礼誠信、団結友善、勤倹自強、敬業奉献」の五つを内容とする社会道徳が提起されている。

学界やマスコミは同綱領の内容について、次のように解釈し、説明している。まず「愛国守法」とは、祖国への愛と忠心や法の遵守を指したものである。社会主義中国ではこれが政治原則であり、道徳規範でもある。道徳規範として、それは個人と民族、国家との間の関係を調節するための準則である。イデオロギーとして、それは各々の民族や国家が長い歴史、文化の下において形成し、発展させてきたもので、凝集力と向心力を持ち、各民族の発展を押し進める大きな精神力となると考えられている。

次に「明礼誠信」の「明礼」とは、礼に対する正しい理解と運用を指している。例えば歓迎、感謝、お詫び、尊敬、祝賀などの気持ちを適切に示すことである。「誠信」は誠実で信用があることであり、忠心と誠実、実事求是、表裏一致、言う事に信があり、行いが果たせることを表す。つまり言行一致で、信用を守ることを強調している。市場経済社会に求められた基本的な道徳規範でもある。

「団結友善」の「団結」とは、共同の利益や目標を実現するために、人々が思想と行動において一致し、関心を示すことである。「友善」とは人と人の間を平等に扱い、助け合い、共に発展することを指す。支えあう精神と相互理解は、人類の生活において欠くことのできない大事なものである。特に人が逆境に置かれたときに、それらはあたたかい励ましと勇気を与えてくれる。

「勤倹自強」とは勤勉で節約の心を持ち、前向きで積極的に仕事に取り組むことをよしとすることばである。

また「敬業奉献」とは職業に忠実、己に克ち、公のために、社会のために奉仕することを求めるものである。

社会道徳

いわゆる社会道徳とは、一定の社会における基本的な人間関係を規定する道徳規範と倫理原則のことである。道徳は普通、善悪の評価を形式とし、社会の世論や習俗、信念によって人間関係を調節する意識、規範、行動様式の総和を指すものである。これは社会倫理と社会道徳の両方を含んでいる。現在の社会倫理学では、倫理についての議論は社会の側面に傾き、客観的なものに関心が向く。その関心は広く、個人の倫理に対して、主に家族や市民社会、民族、国家、国際社会、政治、経済、科学技術、法律、文化、教育、環境の倫理という幅広い範囲に及んでいる。道徳は個人に関心を置き、個人の行為、品格に関わるものを強調する。しかし道徳も個人と社会との関係の中でできあがるもので、社会の側面も個人の側面もともに欠けては成り立たない。

一般的にいうと、道徳を客観と主観の両面に分けることもできる。客観的な面は一定の社会におけるその社会の構成メンバーに対する要求、つまり倫理関係、倫理原則、道徳基準、道徳規範、道徳理想などを含む。それは社会生活の各方面に関連している。例えば社会道徳、家庭美徳、職業道徳などはそれである。主観的な面は、個人の道徳意識と道徳実践を指し、それは道徳信念、道徳感情、道徳意志、道徳判断、道徳行為と道徳品格を含む。これらの道徳の主な機能は一定の善悪の価値判断と行為基準を通じて人々の相互関係を規定し、個人の行為を拘束し、社会関係を調節することにある。

「毛沢東思想」の起源

アメリカの研究者シュウォルツ（Benjamin I. Schwartz 一九一六〜九九）の指摘によると、かつての文化大革命の多くの主導思想についてみると、西洋近代思想より伝統文化の影響の方が大きかったという（許紀霖、宋宏編『史華慈《シュウォルツ》論中国』新星出版社、二〇〇六年、一五四頁）。その当時の社会倫理として絶大な力を示した伝統的な徳治観の影響力が未だに中国民衆社会において生きていることを、中国各地で見ることができる（河南省にある「南街村」というところは今でも毛沢東思想を実践している典型として注目されている。最近ここは人気の観光名所になり、共産党の視察も増加していると言われている)。文化大革命の中の毛沢東集団が、当時の中国政府の実権派(国家主席は劉少奇になっている)に対抗したにもかかわらず、大衆から支持され大きな影響力を持つことができたのは毛沢東思想に伝統的な価値観の受け皿になるところがあったからである。

古代中国では、「立法者」と「君主」との間に区別がなかった。尭、舜、禹などの神話化された君主は、「立法者」でありながら、彼らの創成した体制を超えて存在する社会の支配者でもある。ここでいう機構と体制は彼らが自らの「精神と道徳」の影響を広めるための単純な舞台に過ぎない。孟子の解釈に従うなら、儒教伝統は基本的に反体制主義とは相入れない。制度や組織が聖王と人々の徳性を鋳造するのではなく、聖王と君子の美徳が機構や組織を通じて浸透していくという考え方である。

多くの海外の学者にとって、文化大革命における最も「不思議なこと」は、どうしてあの一見静かな毛沢東のイメージがすべての道徳の源泉と結びつき得たのかであった。あれらは極めて中国文化的なもので、マルクスなどの西洋思想の精神とはあまり関係がないのではないかと最終的に気付いたときに、はじめて解釈ができるようになる。晩年の毛沢東の反形式主義や反制度主義もおそらく中国の夏禹時代の英雄像にそのオリジナルな源泉を見ることができると言われている(同上『史華慈《シュウォルツ》論中国』一五六頁)。要するに、大衆が伝統文化から伝わってきた「聖なる精神と道徳」を一身に集めた人物を求め、それに答える英雄の登場を待ち望んでいた。それによって一個人と道徳の源泉との結合が無理なく実現されたのである。「聖なる精神と道徳」を一身に集めた人物を求める思考は、現在の中国においても見ることができる。現在「習の指導思想」つまり「習近平の新時代の中国の特色ある社会主義思想」というフレーズはすでに共産党の最高規則である党の規約に盛り込まれ、一般市民や中国メディアに広く受け入れられている。これまで、党の規約に記入された個人名を冠した「思想」は、「毛沢東思想」と「習近平思想」だけである。

民衆が「聖なる精神と道徳」を一身に集めた人物を求める傾向がある一方で、指導者の側から庶民の世界にも射程が届く道徳もある。以下に取り上げられる義と利の価値判断がその一つである。

5　義と利の統一

儒教文化のなかで、義と利について考えるとき、義を重んじ、利を軽んじる傾向がある。特に孔子は君子と小人を区別するために、利を求めるか義を求めるかということを判断基準にしている。いわゆる「君子は義に諭《さと》り、小人は利に諭《さと》る」である。儒家でも朱子学になると、利の対立概念を義から理に転換させて、理のためなら利を放棄してもよいというように人々に説諭している。こうした儒家による利を軽んじる価値志向は、王朝中国では、官製イデオロギーとしてもっとも社会に浸透し、広く人々の世界観を左右する思惟の一部になってきたといえる。

中国で、このような義と利のバランスを求める伝統観念が近代化の過程において完全に消えてしまったかといえば、必ずしもそうではないらしい。何友暉らの社会心理学の研究分析によると、香港では、ある人がもし不公平な競争において利益を得たとすれば、周りの人は、利益を獲得した人の道徳人格を卑しめる傾向があるという（何友暉、彭泗清、趙志裕『世道人心――対中国人心理的探索』北京大学出版社、二〇〇七年、一三〇頁）。同書が取り上げている趙志裕（「報酬配分に対する性格とパフォーマンスの影響」『社会心理学ジャーナル』一二八号、一九八八年、二七九～二八〇頁。）の報告では、香港では義のない利の獲得は「小人」行為であるという意識は依然として残り、企業経営者が企業の報酬配分を考えるとき、社員の道徳人格をも考量に入れていると指摘している。また鄭伯壎・劉怡君（「義利之辨与企業間交易歴程――台湾組織網絡的個案分析」『本土心理学研究』第四期、一九九五年、二～四一頁。）の報告によると、台湾の企業の間のネットワーク形成の特徴の一つは、取引の過程において、経済の要素と社会の要素の考量が交差に存在し、利益と人情が重なり、義と利の統一がいつも図られていることであるという（同書、一三二頁）。この結論は華人社会では、義と利の統合が両方とも重んじられ、共生して並存していることを示している。

改革開放前は、どちらかというと、個人の利よりも社会主義の大義を重んじるロジックが強く働いていたのに対して、最近では、功利を求めること自体がプラスに評価されるようになった。市場経済化が進められている今の中国では、労働の貢献度で報酬を得ることに対する違和感が薄められている傾向さえ見せている。余凱成・何威（「中国大陸企業職工分配公平感研究」『本土心理学研究』第四期、一九九五年、四二～九一頁。）の報告によると、中国大陸の多くの人々はすでに、平均された報酬を取るよりも、労働の貢献度に従って報酬を得ることのほうが公平なやり方であると認識している（同書、一三二頁）。たしかにアメリカの学生と比べると、中国の学生の方が報酬の平均化を求める傾向が強いが、労働量に従って報酬を得ることに反対する人はほとんどない。これは要するに中国の労働者にとって平均化と貢献度に従った配分の両方でバランスをとること、つまり義と利の統一状態が一番快く受け入れられるということを示しているのである。現在の中国経済の高度成長の事実から考えると、ある程度義と利の統一は達成していると言えるのではないか。

義と利の衝突

しかし、いくつか経済成長による歪みを示す「義と利」の衝突の具体例を見ると、この問いへの答えはやや複雑になる。例えば水の汚染や闇レンガ製造工場、食品安全問題などさまざまな社会問題が新聞に報道されている。

この現実問題を理解するためには、改革開放以降の中国社会に現れている「義」と「利」の激しい衝突を振り返ってみなければならない。四十余年前の中国で、人々が強調していたのは「無私に奉仕する」ことであった。今の中国では、人々が求めているのは「利潤の最大化」であり、最高目標にしているのは経済利益である。この時代にあっては、道徳、理想、愛情が金銭に出会うたびに、ことごとく負けてしまい後退してしまう。「義」と「利」が並ぶときに、前者は後者にすぐ降参してしまうのみならず、かえって後者のために道を切り開いていく役割を果たすことさえある。金儲けさえできれば、何をしてもかまわないし、そういう行為に対して少しでも負い目を感じなくなっている。そこで私設のレンガ工場で未成年労働者を酷使し、工場の廃水を湖や川に流し、水道水をミネラルウォーターとして売りさばくことがすべて当たり前になってしまっている。そして、特に政府官僚に対する社会の監督システムは構造的な欠陥を表している。教導も懲罰も一つの体制構造の同じ側に置かれているので、公衆を教導し犯罪を懲罰する部門の人間が同時に不法の行動を起こすと、手の打ちようがなくなってしまう。そういう意味において考えれば今の中国では、義と利のバランスが大きく崩れようとしているとも言える。

しかし、現代の中国における多くの見るに堪えない「義の喪失」現象は、市場経済だけから発生した結果ではないかもしれない。

もともと「義」の道徳だけに頼って人々に無私の貢献心を求める社会と、人々が一般的に「利」ばかりで動く社会はどちらも成熟した近代社会とはいえない。成熟した近代社会は、官僚であろうと民衆であろうと道徳精神という「信仰」に対する畏怖をもちながら、制度拘束に対する配慮を持つものである。市場経済というのは、この「精神的な畏怖」と「制度的な拘束」の中間に位置すべきものであるかもしれない。現実の中国社会における両者の関係をどう理解すべきであろうか。いま中国のマスコミや一部の学者が真剣にこれについて考え、問題の解決に一生懸命当たっているのは確かである。これは市場経済と社会主義の結合の難しさを物語っているのか、それとも市場経済のもたらす必然的な歪みなのか。この問題を正確に理解しないかぎり、現実生活における「義」と「利」の不調和を妨げるだけではなく、儒教文化の復権の持っている意味を大きく損なう可能性もあると考えることができよう。

社会主義と資本主義を併せ持つ社会主義市場経済の建設において義と利の関係よりももっと切実なもう一つの価値的判断がある。つまり公と私の関係をどう捉えるべきかという問題である。

6　公私の対立と並立

中国式の社会主義理論では、個人の利益と社会の利益が一致するならば、他人や社会のために尽力することで、個人の利益をより実現できると強調している。そのような人間関係をひと言でいうと「ひとりはみんなのため、みんなはひとりのため」ということになる。明らかにこの論理にも儒教文化の、利よりも義、個よりも公の伝統的価値指向が反映されている。

公と私は義と利、理と欲に密接に関連する概念である。洋務運動以降、人々は西洋の人間観の影響を受けて人の本性を私的なものであると見なしたが、公の利と私の利の一致に着目し、公と私の区別よりも、同一であることを強調した。梁啓超は「公益が進まない」場合は人の私も必ず損を受けると指摘し、個人の利益と全体の利益の一致を求める。厳復は「大利の存ずるところは必ず両益にあり。人を損じ、己を利するに非ず、己を損じ、人を利するにも在らざるなり」（T・

H・ハクスリー著、厳復訳『天演論』「導言十四　恕敗」案語、訳林出版社、二〇一四年、四三頁）とした。孫文も「天下をもって公と為す」道徳理想を唱導し、衆人のために奉仕することを呼びかけ、人民の公僕としての官吏の形成を求め、革命を目指す党のメンバーに「主義のために献身する」道徳を持たせようとした（孫文『建国方略』「建国方略之一孫文学説——行易知難（真理建設）」広東人民出版社、二〇〇七年、四八、六七頁参照）。

個人や私よりも天下一般の公を重んじる伝統意識は、清末には反エゴイズムと反専制の国民的「自由平等の公」として近代化のスローガンとして蘇ってくるが、社会主義の中国では、この流れを受け継ぎ、「公」を国家利益、集団利益としてとらえ、私を個人利益として捉える。この両者の関係を正しく把握し、「公を大きくして、私を無くす」「先に公をしてから私を後にする」精神を主張し、国家の利益を突出させ、個人の利益をその次に位置させることを理想としてきた。この公私観は経済上の個の制限へと連環し、社会主義への志向をスムーズにする役割を演じていたのである。公と私の対立によって、個人の権利を制限することを公の増益に結びつけて考えている。

「大公無私」

文化大革命のとき中国ではよく「大公無私」という言い方をした。これは公私の関係を処理するに際して、「私」の心をなくす品格と道徳を有していることのアピールである。この場合の「私」

は「公衆利益」と衝突する「偏私」（私に偏る）、「徇私」（私心のために原則を曲げる）、「営私」（個人の利益を求める）を指すもので、つまり個人の利益だけを求め、個人の目的だけを達成しようとする考え方をいうものである。尊重すべき個人の正当な権利を指しているものではない。「大公無私」のほかに、「先公後私」と「公私兼顧」という言葉もあった。この道徳的要請はかつて社会主義や共産主義の理想を目指す国や民族の大義名分として、長い間広く人々の献身を呼びかけるために機能していた。

「公私調和」

改革開放以後、「公」の精神の保有と個人の物質利益の調和を図る考えに基づいて、一部の人が先に豊かになって、最終的に全体の豊かさを実現するという発想を実行することになった。「先富論」の号令に従って、社会主義中国は迅速に市場経済の構図を持ちはじめ、世の中の公と私の意識も大きく変質させようとしている。高速で経済成長するが、官僚の腐敗が深刻化しはじめ、貧富の差が激しくなり、社会主義のシステムを維持したままの競争や利益を認めるかわりに、在来の公私観念の区別や際限が曖昧になってしまった。こうした状況を背景にして、マスコミでは制度倫理学としての「公」の中の特に「公正」を訴える論調が増えてきた。

一部の論者は公正さを欠いた市場経済の危険性に言及し、機会均等、個人の富や社会地位の獲得を個人の能力に結びつけることを求め、利益の公正な配分を要求する声が高まっている。政治制度についても、自由、平等、正義の原則をもって、市場経済にあうような政治システムを構築していくことを模索する動きが活発になっている。

「私」、つまり個人についての考え方も変化している。社会の「公」と個人の「私」との関係については、古代から中国では大いに議論されてきたが、市場経済の中国では新たに私的領域と公的領域との区別の問題として関心を喚起しつつある。人々は、古来の公私観における自我の抑制を反省して、「私的領域」と「公的領域」に、現代風の再解釈を試みている。それによると、私的領域とは、個人の自由平等の権利を基盤にし、各人の自分らしい生活を中心にして、他人や国家が干渉する権利を持たない領域である。公的領域は、一つは国家、もう一つは社会であり、平等・自由の権利を有する私人たちが交流し共同で構築した場である。

国家の権力行使に際して、価値正当性の根拠として個人の自由平等の権利を考えようとする議論は、現代中国において伝統の再生と価値観の再構成が急速に進められていることを示唆するものである。

集団利益と個人利益の結合

社会主義中国では、道徳は歴史的に変化し形成されてきたものとして分析されている。マルクスの理論によると、いわゆる原始社会では原始社会に合うような社会道徳があったという。つまり原始社会では、生産性が低下し、生産手段を公有し、すべての人が労働に参加し、平均に分配され、搾取と圧迫もないので、これに従って形成した道徳は、氏族や部落の共同利益を維持することを中心にし、無条件の服従と共同利益の維持を神聖な義務とみる特徴を有する。その次の段階の社会とされる奴隷社会では奴隷主に対する奴隷の人身隷属の関係を維持し、奴隷主の所有財産を保護し、等級尊卑や男尊女卑、男主女従を提唱する特徴を有する。そして封建社会では、地主階級は支配階級なので、地主階級に有利な宗法等級制度およびその特権を維持し、宗法や礼教を通じて、道徳を規範化させ、神秘化させる特徴を有する。資本主義社会では、ブルジョアの利益と要求を代表する道徳が生まれている。ヨーロッパでは一四世紀から一五世紀において資本主義道徳の萌芽があった。そしてルネッサンスや宗教改革、啓蒙運動によって、資本主義道徳の建設が急速に進められる。それには民主と自由、平等、博愛を提唱し、個性の解放、人道主義を主張し、個人の物質的利益を強調し、封建的特権に反対する特徴がある。

現代中国の公式の倫理書ではこうした資本主義の道徳は人間の本性や人間論に基づき、個人の利益への追求をすべての行為の出発点とし、個人の自由と幸福を追求するすべての行為を美徳とし、金銭万能や拝金主義を宣伝し、人と人との関係を冷酷な金銭関係に還元してしまうので、それは最終的には社会主義道徳に取ってかわられる宿命にあると断定している。かわりに現代中国で公式に打ち出されており、現在の中国の政治、経済、文化状況に合うとされている社会道徳は、集団利益と個人利益を有機的に結合させ融合させるものである。

現代中国では、公と私を国家や社会のなかで一体的に捉える傾向において儒教的な道徳理想を多く見ることができるとわかってきたが、以下では人間の在り方の道徳の中心的な位置を占める、生と死の関係に関する価値観の現代的転換にも同様な趨勢があるのかを見てみる。

7　生と死の意味

儒学では、死の意味を家族関係の連続において考える傾向がある。生きている子孫とは死んだ先祖が残したものであるので、個体として死んでも、一族として生きつづけることができる。それは生命の尊さを理解することにもなろうが、一方で個人の存在が一族や社会全体の存続のために意味づけられ、個人の生命よりもそちらが大事に扱われるという論理が成り立つ。古くは、孔子の倫理思想としての「志士仁人《ししじんじん》は、生を求めて以て仁を害すること無く、身を殺して以て仁を成すことあり」（『論語』衛霊公第十五）という言葉もある。仁を成すことが生存を求めることより大事であって、決して生存を求めることによって、仁徳を損じてはならず、たとえ自分の命を犠牲にしても、仁徳を成すことを最優先にするべきだと強調している。また孟子は、「生亦我の欲する也、義も我の欲する也、二者が兼ねて得るべからざれば、生を捨てて義を取る也」（『孟子』告子上）と、生を捨て義を取ることを人生の最高の価値としている。歴史上大義を果たすために命を投げ打った志士が数多く存在しているのも、このような価値観と無関係ではない。

もちろん違った理解をする人物もあった。戦国時代の楊朱は「貴生」「重生」という概念で、個人の生命を全うすることを理想とし、死は人生の価値の喪失であるという考え方を持っていた。一方、荘子のように「生を悦んで死を悪む」ことを人生の桎梏であるとし、人生の自由を獲得するために死生の変を超越しなければならないという考え方もある。「死生一如」として、死と生を同じ一つのことと捉え、生と死の境を否定し、死は人生の自由・幸福の最終的な実現だと考えられている。こうした達観によって、人々は人生のすべての桎梏を解脱し「逍遥」の境に入ることができるとされている。

祖先崇拝

中国の祖先崇拝は民衆の霊魂、陰陽両界の関係についての認識を反映し、独特なものである。祖先を崇拝する中国民衆は死後の世界に格別に関心を持っている。彼らの死後世界についての考え方は、次のような特徴を有している。

人間世界の生活や感情を死後の世界に投影する。生きている人間の世界との連絡を失うことがない。冥界でも春夏秋冬の季節の移りかわりと寒さ暑さを感受する。冬になると（旧暦一〇月一日）、人々が死んだ家族のために防寒の衣服、靴、帽子を紙で作って送る「送寒衣」の光景は現在でも時々見ることができる。人々は自分の努力が、死んだ家族の冥界での幸せにつながると信じている。

民衆の間では、死者のために誕生日の祝いをすることも珍しくない。亡霊は生きている人と通じ合う感情を持ち、人の世にいなくても誕生日を祝われることを喜ぶ。亡くなった祖父や父母の誕生日祝いをすることは、冥寿あるいは冥慶の祝いといわれる。死者のための結婚は冥婚という。こういうときは儀式を行い、親友たちがそれに出席することもある。中国では結婚は人生の一大事として、愛情の有無を超えて安心立命のために通らなければならない通過点である。結婚せずに夭折した男女は、陰界でも人道の未体験の遺憾を抱くと考えられ、場合によって生きている親族に不幸をもたらしてくることさえある。特に女性にとっては、冥婚は相当重要なことである。昔の考え方では女性の祖先としての地位は夫の家にあるので、婚姻によって初めて祖先地位を手に入れ、死後の魂がはじめて寂しくなくなる。未婚で亡くなった女性は主のない孤魂であって、祖先になることができず、その位牌は祭祀の行列に入ることができない。すると、亡霊が霊界での生活の保証を得ることができず、故に生きている人々を襲うことを避けることができない。冥婚は中国の民衆の死生観の産物であり、死者の世界への関心を呼び覚まし、自分の死後に対する関心を持たせてもいる。

祖先崇拝は原始社会の霊魂崇拝とトーテム崇拝に源流を持っている。祭祖の伝統は人の死後の霊魂を不滅のものとする信仰によるものであり、はじめは上流社会の人々の特権として存在したが、後に儒家の礼教に取り入れられ、民間に広まっていったのである。貴族たちは祖先と天神への祭祀を共に行っていたが、民衆は天神への祭祀が許されず、祖先への祭祀は民衆の唯一の宗教的感情の発露の場として代々の人々に受け継がれてきた。インドから仏教が入ってきたとき、最初は祖先崇拝との衝突があったが、後に仏教の方が祖先崇拝を受け入れることによって、初めてこの難題が解決された。因果応報と祖先崇拝がつながることは仏教の中国定着を促した最大の原因であった。初期のカトリック宣教師も中国民衆の祖先崇拝に配慮して、信者の祖先に対する祭祀を許すことによって、カトリックへの反感を和らげようとしていたのである（孫尚楊『基督教与明末儒学』東方出版社、一九九二年、二〇頁）。

家族墓地の復帰

現在の中国では、土地は国の所有であり、昔のように家族の管理下に置かれる墓を所有することが難しくなっている。中国では「公墓」（国や政府認可の公的に管理される墓地）と「私墓」（地方政府の認可で民間の管理下に置かれる墓地）という言い方がある。その選び方の難しさに戸惑っている人が多いらしい。というのは葬式業務の認可権は国か地方政府が持つもので、個人経営者が入りこむ余地が少ないためである。その上、この政府系に独占された葬式サービスは完全に現実の需要に追いついていない。都市部では葬式の出費にビクビクして死ぬのが怖いと嘆く平民の老人が数多くいると言われている。一方農村部では、いわゆる認可のある「公墓」や「私墓」よりも、使用権だけが許されている土地（水田、畑や山）などに、密かに政府に禁止されている土葬を行う行為が散見される（公務員が土葬をした場合、公職追放という重い罰則が設けられている）。かつて高速列車に乗って、上海から徐州に行く途中、鉄道の両側に広まる水田の真ん中に点々と建てられている農家の家族墓地を見て不思議な気持ちに囚われた記憶があるが、それはまさに、「公墓」でもなく、「私墓」でもなく、現行法規から外れた昔ながらの一族だけの墓地形式の復帰であるとのちに現地の知人から聞かされた。葬式をめぐる法規や制度が急速に変化している中でも、人々の死者への思いはあまり変わっていないと言える。

ある詩人の自殺

かつて詩人、余地（一九七七年生まれ。湖北省籍詩人、小説家。二〇〇七年一〇月四日に自死）の自殺が、マスコミで大きく取り上げられ、議論の対象になった（中国新聞網、二〇〇七年一〇月一〇日）。生活苦や若い妻の病気のために自殺したとされているこの三〇代の専業作家の自殺が、自死の意味への思索を多くの人々に気づかせたためか、死を議論する記事、ネットでの書き込みが一気に増えていった。生活苦あるいは理想や精神の過剰な重圧から逃れられなくなったことに対する同情がある一方、家族に対しては、責任の逃避になるのではないかと指摘するものもあった（劉炎迅「詩人余地之死」、中国（海南）改革発展研究院『新世紀週刊』二〇〇七年、第二七期）。

つまり多くの中国人にとっては、「生きる」ことは宗族の血脈を持続するために生活の苦を我慢しても受けるべき責任である。このような責任感を裏付ける言葉には、「好い死は酷い生にしかず」というものがある。これは死を恐れるのではなく、個人の死の悲しみと種族の死の悲しみの間の選択である。現在の中国の自殺者は生活苦や現実の厳しさから逃げるという目的を持つものが多く、これは「利己」的な側面があると言える。一方において一部の自殺者には、病気の妻とか幼い子どもに迷惑をかけないようにするための「利他」的な理由もあるのである。いずれにしても、自死に関する議論では、死の社会的な意味に大きな関心を寄せる死生観の面影を見ることができる。

生と死の社会的、道徳的意義

社会主義中国では、生と死に対して特に社会的、道徳的な意義を求めてきた。その公式見解としては、生と死の価値が、生命の長さ、職位の高低、権力の大きさと富の多さによって測られるべきではないとし、社会の進歩への貢献の中にそれを見なければならないとしている。かつて毛沢東も「人間はもともと一死するものだが、あるものは泰山より重く、あるものは鴻毛より軽い」といって人のため、社会のための自己犠牲を評価しているのである。毛沢東の言葉は『漢書』に入っている司馬遷が友人宛に書いた、受刑後の心情や『史記』作成の意図と決意を語った「報任安書」の「人固有一死、或重于泰山、或軽于鴻毛、用之所趨異也」（人は誰でも一度死なければならないが、ある人の死は泰山よりも重く、ある人の死は鳥の毛よりも軽い。これはその人々の生の求めたものの違いによるものである）を出典とするものである。これは献身精神や犠牲精神の肯定であり、一定の理想や目的のために、個人の利益もしくは自分の生命を捧げることを称賛するものでもある。

現代中国社会では現代生活にふさわしい死生観の再構築が至急求められている。一九九〇年代以降、中国の医学界、倫理学界では生命倫理の角度から安楽死や脳死について議論を交わされてきている。結論はまだ十分に出されていないが、人の死とは何か、死に近い人にどう接すべきかといった議論が活発になされている。人は必ず死ぬ。高齢化社会の問題や死の尊厳、安楽死など、人々が直視しなければならない問題が数多く存在している。死に近い人に対しての対処法の一つを取ってみても、いまは社会の様々な立場の人々（医者、社会学者、宗教学者、ボランティア、政府関係者、慈善機関。中国では、これらの非営利事業を担う団体を「社会公益事業」という。ほぼ日本のＮＰＯに相当する）が協力して解決しなければならない大問題になっている。

臨終が近い人を前にしてその生命の時間を延長するのか、生命の質を高める方をより重視すべきなのか（中国ではこのようなホスピスケアを「臨終関懐」という。これは医療というよりも、死亡の前の数週間や数ヶ月の間、疾病の症状を軽減し、病状の進行を遅延させるための医療行為である。八〇年代以降中国に取り入れられ、現在急速に一般社会に広まっている）。生命の尊厳をめぐる議論が盛んになる中で、現に東洋と西洋の死生観を融合してこれらの問題を思考しようとする人々が増えているように見える。だが、固有の伝統的価値にこだわってこの問題に対処しようとする人も数多く存在する。地域文化の強調か、価値観の世界化か、未解決の問題を多く抱えているが、世界規模の議論が続く以上、生死を巡る人類の相互理解が一層深められていくことは期待できるであろう。死の意味への探索は、いつの時代でも人類全体にとって、生の意味への最大で最高の関心の現れである。

最近の中国では遺伝子操作でデザイナーベビーを誕生させることの是非をめぐって議論が起こっている。二〇一八年一一月二八日に、生物物理学者で南方科技大学準教授の賀建奎《かけんけい》氏が香港で開かれたヒトゲノム編集分野の国際会議で、自分たちが世界初となる遺伝子を操作した双子の女児の誕生に成功したと主張し、中国だけではなく世界にも大きな衝撃を与えた。さまざまな議論が取りかわされた中で、中国の司法は独自の判断を決め、賀氏ら三人に対して実刑三年、罰金三〇〇万元の実刑判決を言い渡している（聯合早報網、二〇一九年一二月三一日）。ここで生命の社会的意義を重視する価値観が示されていることは明らかである。

以上のように生命の意義を思考させる背景には、儒教道徳における生の社会的な意義を強調する価値観が機能していることがわかったが、さらに以下では、現代社会で、最も重要視する個の在り方について、儒教的な価値観が入り込む余地があるのかどうか、探ってみる。

8　道徳修養の方法論と心の自由

儒家の理想として最初に出てくるものには修身という言葉がある。修身とは道徳修養を通じて人間性を磨くことであるが、その具体的な手順は、宗教的な瞑想や祈りだけを通じて行うものではなく、まず「格物」と「致知」という学問をすることを通じて、達成されるものである。

「格物」と「致知」はもともと学問の方法論的な言葉であったが、朱子や王陽明においては、道徳修養に結びつけて考えられた。朱子学では知識や道徳が先天的に存在するものであると考え、人々が欲望に追われて先天的にある知を失いがちなので、「格物」を通じてその知を取り戻すことができると想定されている。陽明学では心のほかには物なしというふうに考えるので、「格物」よりも「格心」の方が勧められている。

「格物」「格心」は、物欲や私念に覆われる人間に、本来備わっている天理や良知を発見することを目標にしているのである。この場合、無私無欲の存在状態が個人の理想のあり方として設定されているのである。

「誠意」と「正心」はもうひとつの儒教の道徳修養の境地に近づくための方法論である。正心は心が端正で邪念がない状態を示し、誠意は誠の心があり自分を欺かないことを指す。心が誠実で純粋でさえあれば、家を斉え、国を治め、天下を平らかにする理想を必ず実現できると強調しているのである。このような修養を達成するには、もう少し工夫が要る。それは「慎独」と「知恥」というカテゴリーの実行である。慎独とは、人の見ていないときにも身を慎み、自ら自分の行動に責任を取り、同じように道徳要求を遵守するということである。古典儒学では道を常に意識することを強調し、朱子学でも天理を一刻も離さないことをことさらに重視している。「慎独」は人に見せるための学問や修養よりも、まず己のための学問や修養を要求する。慎独は本当の天理や良知（生まれながらに備わっている正しい知恵）に到達するための方法なのである。そして個人の誤りへの自覚を得るために「知恥」（恥を知る）という修養の方法もある。これは自分のよくない動機や行為に恥を感じる心を、個人の道徳良心の確保に生かす考えである。

そして修身の辿り着くさらなる境地には、自然と自任という世界があるが、この二つの世界を合わせると、現代西洋出自の「自由」という言葉の響きに最も近いものがあるために、現代中国人の「自由」や「個」という言葉を理解するための下地となるものが中に隠されているといえる。そもそも儒教的修養としての「自然」と「自任」は一体どういうものなのか。以下では歴史的な文脈に入り込んで、その仕組みと意味を考察してみる。

自然と自任

具体的にいうと、儒教で言われる「自然」という言葉と現代西洋から伝わってきた「自然」という概念は異なるものである。儒教的にいう自然とはひとりでにそのようであること、そのようにされること、そのようにさせることの反対である。朱子は自著『大学章句』の冒頭で、自己の道徳的修養の完成は、人々の心に内在する道徳的本性を喚起し、それと共鳴することであると強調している。

そして自任という言葉があるが、自任とは自らある任務を引き受けること。また自ら責任を負うことである。この観念は道徳的な生活と行為のうちに自発性を入れるものであり、また「自分自身の為の学問」という考え方にも通じている。宋代の新儒教（宋明理学の別称）においてこの語は道徳的英雄という観念と密接に関連しており、新儒教の個人主義を表す重要な観念である。

新儒教では、「誠」（心の誠実さ）と「自任」との関係性が提起されている。かれらは為政者に必要とされる三つのことを、道を行うこと、道に責任を負うこと、賢人に同じ責任を分担させること、の三つとしているが、これは「自任」とそれに伴う義務を求めることである。宋代政治の特質は、中央集権の強化と官僚制にあるといわれているが、一方において士大夫階層の勃興と、政治への影響力の増大という点で新段階にあるといえる。その中で、程子兄弟（程明道・程伊川）にしても朱子にしても、ある種の政治的・文化的危機意識を持ちながら、人間の内部にある外界の困難に対処する力に対して理想主義的に楽観する信念も見せている。

さらに「自得」ということばがある。自分の力で自分自身のためになにかを得ることである。この言葉の一つの意味は、自分自身のために何かある真理を学んだり体験したりして、そこから心中の喜びを得ることだが、もう一つの意味は孟子が「道を自分自身の中に得る」と説くものである。朱子は孟子の「自得」を、無言のうちに理解してその心の奥底にまで通じ、その結果、自己の中に潜む「道」を自然に発見することと解釈したと言える。

「自得」の道

程子兄弟や朱子の語録のなかでは、個人と道との関係が議論の中心になっている。特に経書や史書を通じて道を学ぶこと、聖人の心と内的な人格交渉の重要性が特に強調されている。それを明示した言葉として朱子の「白鹿洞書院掲示」における「博学」「審問」「慎思」「明弁」「篤行」が挙げられている（白鹿洞書院は、古代中国の四大書院の一つとして九四〇年に設立。宋代の朱子が制定したこの掲示（学規）は、のちの中国に対してのみならず、日本、朝鮮半島、東南アジアの教育にも大きな影響を与えている）。これらの言葉には学問をすることにおける主体性の重視が表現されているばかりでなく、批判的、創造的な学問の方法も表されている。古いものを再評価し、そこから新しい何かを引き出そうとする積極的・創造的な態度と懐疑的な態度こそが、学者を祖述者だけでなく、創造者に仕立てていく原動力であろう。朱子学は学問というものを静的のものよりも動的なもの、つまり過去に拘束されることなく、日々発達していくものだと考えていた。

『近思録』巻四存養類（南宋の朱熹、呂祖謙が編纂した朱子学の入門書と概説書、巻四存養類では、主に儒家の修養方法を論ずる）には、自然とは何であろうか、真理あるいは道を自分自身のものとするためには、いかに自己修養すべきか、といった問いの言葉が多い。程頤は「自分自身の為に学ぶ」という主張と、「自得」という観念との関連において捉え、朱子は自得を、道を自己の中に所有するという意味において把握している。

朱子学の自己修養の目的は学を極め、聖人になることである。聖人は模範的人格の持ち主であり、学んで誰でも至り得るものであるとされている。「聖人になるための学問」と「自分自身のための学問」（Wm・T・ドバリー『朱子学と自由の伝統』平凡社選書、一九八七年、一五二頁）とは密接に関連している。この二つの学問は共に当時流行した雑学的な博識とは対立するものであった。

自分自身の中にある道を求めることは聖人への道であり、一人の自己の中に何かを発見しようとする努力は、聖人とは何かを実際に理解することに繋がる。

朱子はすべての人間のなかに、完全な道徳本性が存在することを固く信じて疑わない。人はそれぞれ道徳本性、あるいは原理を生得のものとして所有し、そしてそれは天地万物と一体化することのできる普遍性を分有している。同時に各人は、自分だけの個別性をも持つことができると朱子は確信している。

その姿をかれは「理一分殊」、つまり万物の原理は一つであるが、個物においてはさまざまな形に特殊化されるものとして描き、人の心に内在する原理の普遍性と個別性の関係を明示しようとしているのである。

個の修養から個の自立への道

「修斉治平」という言い方がある。これは修身、斉家、治国、平天下の略称で、儒学の「大学の道」に示された、学問をすることの目標である。並べる順序から見てもわかるように、修身は斉家、治国、平天下の実現のために基礎を提供するもので、個人の修養は家や国、天下のあり方に直結するというふうに考えられているのである。個人道徳の形成の重視は、古代の儒学の理論に源を有している。孔子は、「子曰く、其の身正しければ、令《れい》せずして行《おこな》わる。其の身正しからざれば、令すと雖《いえど》も従《したが》われず」（『論語』子路十三）という。また「苟《いや》しくも其の身を正しくせば、政《まつりごと》に従うに於《お》いて何《なに》かあらん。其の身を正しくすること能《あた》わずんば、人を正しくすることを如何せん」（『論語』子路十三）。このような修身の強調は、『大学』においてさらに明確にされ体系化された。ここでは、個人の修養は家庭や社会への出発点や前提として考えられており、個人の修身を通じて、はじめて家庭の安定と国家の繁栄、さらに天下の太平が実現されることが主張された。家庭、国家、天下の興廃が個人の道徳修養の如何によるという認識は、個人の道徳水準の政治秩序への作用を肯定し、道徳教育の政治への積極的な関与をもたらすことになる。朱子が、個人修養に関わる「格物」「致知」「誠意」「正心」の四項目をもって『大学』の条目に据えたのも、このような理由によるものである。

現在の中国では共産党の幹部選抜原則に、「徳才兼備、以徳為先」（徳と才を兼ねて備え、徳を持て先となす）という言葉がある。民間企業の人材選抜や昇任においても、「徳」が強調される傾向が見られる。

9　個人主義のバラエティ

近代化初期の中国では、かつて西洋から個人主義の概念を取り入れようとするために、「健全なる個人主義」という概念を使ったことがある。この用語は胡適によって使われはじめたが、当時では「最も価値ある個人主義」とされたものの一種である「為《い》我《が》主義」として取り上げられている。それによると、社会は個人によって構成されているので、社会に対する創造と改良は個人の創造、奮闘を基礎にして実現するものである。世界で最も重要なことは自分を救いだすことであり、自分を救い出す唯一の方法は自分という素材を器に鍛え上げることである。そうすることによってはじめて社会で有益な自分になり、本物の「為我主義」を実現することができるという。この呼びかけは社会を飛び越えて自我の発展ばかりを求める「独善的な個人主義」を批判し、社会を改造する行動のなかで自我を見つめることを強調している。

五・四新文化運動においては、「自利利他主義」という新しい個人のあり方を構想したものもある。これは西洋近代合理的個人主義の再解釈の上に伝統的な個人主義のイメージを混入したものであった。それによると、現代の社会で公益を図る者の第一に取るべき態度は「自利利他主義」であるという。それを実現するために「小己主義」（近代初期では、個人主義の訳語として使われた。古代では、「小己」は「自己」という意味で「小なる自己」という含みもある。近い言葉には「小我」〈小なる自我〉がある）をもとにし、「己を推して人に及ぶ」（推己及人）原則を持ち、「一己の心を尊ぶことを以て推して諸人に施す」（以尊重一己之心推而施諸人）ことが必要になる。そうすることによって、人々は古代から求めてきた「自利を以て利他をし利他を以て自利をする」理想を実現することができるという。これには西洋近代倫理学における利他、利己の対立を調和し、伝統思想における個人主義の個人と家と国との連携の感覚をも蘇らせながら、中国知識人の個人主義感覚に合うような新しい個人倫理を打ち立てようという意図が明らかである。

社会主義中国では、過度の個人主義の膨張によってもたらされる他人の利益や社会全体の利益への損害に対して、強い警戒感を示している。ただし市場経済の時代に入ってから、中国の理論界や世論の志向は、むしろ個人の利益の正当な追求を保障し、集団や社会の利益に違反しない個人主義の保有を尊重する方向に向かって推移しているのが現状である。

家族制度と個人意識

中国は昔から農業を中心に営む社会であった。農業社会の安定は農作業や水利施設の確保に頼って維持され保たれる。このような作業をするには、家族の協力が不可欠である。血縁の重視は、祖先崇拝の観念につながり、中国式宗教感覚を育てる。西洋の教会にあたる場所は、中国では家というものといえる。

家族の構成員は共同生活を通じて生産、生活の過程において家庭祭祀、家族信仰およびそれに伴う宗教心理、宗教意識を培っていく。伝統社会の自給自足の経済状況のもとでは、家族は人間のすべてであり、人々は家に生まれ、家に育てられ、家のために終生働いたり活動したりする。家で物事を覚え、家のメンバーとの交流で物心をつけ、慈悲や友愛や忠誠の心を身につける。したがって家は中国人にとって教会的なものといっても決して言い過ぎではない。

また、孟子には「国の本は家にあり、家の本は身にある」という言葉がある。いうなれば家は個人と国とも密接に繋がり、国は各種の人材を必要とし、多くの士大夫が各種の公共事業に従事することを必要とした。家庭が温和でなければ、個人の成長と進歩に影響を与え、彼らの社会国家に対する奉仕を妨げる。『大学』で理想の人間像として強調されているのは「格物、致知、誠意、正心、修身、斉家、治国、平天下」の八項目を追求することであったが、ここでは「修身」「斉家」も「治国」「平天下」の政治参加に結びつけられていることが明らかである。

家の秩序と家族

伝統中国の「家族」という言葉は、今日のいわゆる「核家族」とは、意味する範囲が異なっている。中国では「四世同堂」という言葉がある。これは祖父、父、子ども、孫の四世代が同じ家に揃って幸せに過ごす大家族のイメージを表すものであるが、昔の中国の大家族は、これよりももっと大きな組織体であり、錯綜した構成を有し、血縁の繋がったもの同士が全部入れるような膨らんだ胴体を持っている家であった。

このような家族共同体は、男性血縁者を中心に構成され、一定の組織原則や上下秩序によってまとめられる。「輩分」は、宗族の血縁関係を映しだす家族内部の秩序を表す制度体系であり、父方・母方の祖父母の世代、両親とその兄弟姉妹の世代、本人と兄弟姉妹の世代といった家族内部の等級区分を示すものである。例えば叔父は自分より年が下でも父の世代の人として、輩分が自分より上になる。このような輩分は、一族における個人の履行すべき義務と所有する権利の両方を規定する根拠となっている。異なった輩分のもの同士の結婚は許されなかった。輩分による家族関係の構築は縦と横の両方から大家族の人間関係のネットワークを織りなし、所属のメンバーの個々人のありかたを厳密に限定し、家の秩序づくりをスムーズに実現しようとするものである。

「レンタル彼女」と「親孝行」

中国独特の家族観は、いまでも社会の隅々にまで染み込んでおり、依然として現実生活での影響力がある。中国のお正月（春節）の帰省の間、故郷に連れて帰る「レンタル彼氏」「レンタル彼女」は一時的に両親を安心させる「親孝行」のための存在として需要がある。もちろん「親孝行」の意識が残っていても、現代社会の制度的な変化につれて、変わっているものも多い。大家族の崩壊による生活圏の縮小が進み、古代中国の大家族における年長者介護の絶対的な価値（士大夫の場合、看病・介護のために公務の休暇を取るとか、亡くなった後、しばらく公務を休んで墓参りのために故郷に残留することを是とする）が相対化され、子どもの世代から親世代への介護に対する責任意識は徐々に弱くなっているといえる。

また一人っ子政策の時代（一九七九〜二〇一五年）では、例外的に一人の枠を超えて生まれてきた子どもに母親の姓（中国では夫婦別姓は普通）をつけるとかの事例もあるので、伝統に縛られた人たちの肩身が狭くなりつつあることも確かである。一方において老人介護への意識の高さを示す事例もある。特に最近、政府の主導で、農村の在宅介護、都市部の派遣型介護や老人ホーム利用を主とする介護環境づくりが押しすすめられ、介護の様式の多様化が図られてきた。これは、政府側においては政治的効果や民意迎合を狙った行動に過ぎないかもしれないが、しかしその政府の狙いを促した民意にはやはり民間社会における老人を大事にしたいという価値志向が含まれているのではないかと推測する。

「養老」意識の裏側

上海は中国においてもっとも発達した大都市であり、高齢化も他の都市より突出している。日本では「介護」という言葉が「養老」、つまり高齢者の世話をするという意味で使われているが、中国では「養老」という言葉が今でもそのまま使われている。計画経済の時代では、原則として公費医療が都市部の全国民に適用されるものであったが、市場経済になった現在では、養老保険年金の保険費を毎月納付することで、養老費用を確保することが主流になっている。

公表された資料によると、上海住民がもっとも魅力的だと思う「養老」方式は、在宅養護方式で七〇・八%がこれを支持する。二番目は専門的養護施設で三五・八%、三番目が地域社会（コミュニティ）養護方式で三五・四%と、ほぼ拮抗している（楊雄・陶希東編『上海民生民意報告二〇一七』上海人民出版社、二〇一七年、一三頁）という結果を見せている。これは、大半の住民が在宅養護を選んでいることを意味するものである。家族への帰属感の中に幸福や価値を見出す行動様式によるものと見ることができる。

もちろん高齢化の進展に伴い、家庭だけでは養老を担いきれなくなり、養老施設や地域社会養護方式を利用する人も増えるかもしれない。春休みの折にそのような施設を実際にみるため、上海郊外にある養老施設を訪ねた。上海市の中心から電車やバスを乗り継いで、一時間ぐらいでたどりついたのは、よく整備された、綺麗で静かな「養老院」であった。施設の担当者の話を聞くと、やはり前述の統計数字を裏付けるように、退職してから積極的に「養老施設」を利用する住民はまだ少数だが、養老院自体は、養護サービスの質を高めたり、文化活動を盛んにしたりするなど工夫をし、政府も入所者を増やそうと入所者に補助金を出していると言われた。

在宅養護は家族の養護参加の比重が大きいが、そのような方式が現実の中国社会で可能であった背景には、伝統的な親孝行の価値観が働いてきたことがあると言える。さらにその親孝行の価値観を共有している地域コミュニティのバックアップも欠けてはならないものである。例えば、多くの地域社会では老人がいろんな活動（老人ボランティア活動、老人スポーツ活動、老人文化活動、老人娯楽芸能活動、老人旅行活動、老人健康養生活動など）ができるように様々なイベントや会合を組織し実施している（袁慧玲編『老年人——活動策劃与組織』海洋出版社、二〇一七年）。都市市民の在宅養護が好まれる背景には、このような地域コミュニティが養老問題に積極的にかかわってきたこともあっただろう。

伝統的な「孝」の価値観が根強い中国で、一人っ子政策により少なくなった若い世代が、どのように公や民間のサービスを取り入れていくか注目される。

第四章　多様な価値観共存の時代に向けて

これまで儒教と中国との関係を縦の視角から捉えてみることにより、長い歴史の流れにおいて、儒教がダイナミックな存在として、有形・無形を問わず中国文明の中核を担ってきたこと、さらに近代以降の西洋化の営みに対しても様々な側面から絶大な影響を与えてきたことを明らかにしてきた。この章では、このような儒教を持つ中国と、各国との相互理解や東アジア共生社会構築の可能性についての意味を考察する。具体的には中国と儒教文化圏の国々との間における伝統「共有」の軌跡を辿りながら、そうした国々との間に多様な価値観共存の道があるのかを展望する。

1　「アジア」という概念の形成

アジアとは何かという問題は、日本にとっては古くて新しい問題である。過去長きにわたって、日本の学界はアジアをめぐっていろいろと議論を重ねてきた。その関心は今ようやく一般社会に現れはじめ、若い学生にまで及んできたのかもしれない。

日本人のアジア像の変遷史を辿るまでもなく、アジアという概念は近代以来日本人の脳裏にこびりついて離れないものとさえ言えよう。明治～昭和前期の日本におけるアジア意識は、進出と侵略の意図に導かれた面が強く、戦後はアメリカ流の民主国家建設に専念したため、アジアへの関心は薄くなったが、バブル崩壊やアジア経済の急速な発展によって、こうした事態に大きな変化が訪れた。今日では、日本政府や経済界はＥＵ型の東アジア経済共同体を模索する動きさえ見せており、若い人たちがＫ-ＰＯＰなどの動画に夢中になる世の中となった。こうした現象は戦前の一方的なアジア観、戦後しばらくの冷戦構造に巻きこまれたことによるアジア観の不在が、今日ではアジアを再発見しようとする新しい動きに変質しようとしていることを示すと言えよう。

アジアという言葉の使用は、明朝末のイタリア人宣教師マテオ・リッチが明朝の中国に持ち込んだ世界地図に、「亜細亜」という漢字が表記されていたのが最初であった（「坤輿万国全図」）。五大洲の一つとしてアジアを位置づけた画期的な出来事と言えよう。この世界像は将来的に、その後の中国のみならず、漢字文化圏に属するベトナム・朝鮮・日本にも大きな影響を与えることになる。特に中国を中心とする朝貢体制下に置かれた東アジア諸国は、これによって中国を相対化し、自国を世界の中において見直す思考が初めて可能になった。

「アジア」という表現は、こういう意味において最初から中国に対する周辺国の独自性を自覚させるものであり、この概念の定着は、中華文明を軸にした東アジアの分化と距離感を生み出す契機となった上、ヨーロッパやアフリカを含んだ新しい世界像の形成に大きく寄与したのであった。近代化の過程において、日本を先立ちとする東アジアの国々は、次々に古いアジアの文化から脱却することを余儀なくされたが、これらの国が西洋化ないし近代化の道を邁進しえたのは、既に、長い間アジアを相対化して眺める意識を培っていたからであろう。

2 「アジア」の再発見と伝統文化

しかし東アジアの近代化の完成と深化に伴って、今日、新しい東アジアの国々は、お互いを再発見する時代に入った。東アジアの国々がお互いを再認識しようとする声は、要するに二一世紀において世界の枠組みを再構成する壮大なドラマの前奏曲である。

東アジアには近代化のために互いに離反しあう政治的な力学が働いた過去があった。しかしアジアに共通する新しいドラマを再構成する力学が働くことも可能ではないか。その最大の理由は、やはり東アジア各国に共通する文明的な伝統にある。孔子の知恵、老子の思惟、朱子・王陽明の学説と信念、仏教、漢字・漢学という文明的な伝統や価値観が、東アジア各国の文化の血肉となっているし、米や箸を中心とした食生活、正月の過ごし方、端午の節句などの祭りや民俗にも共通な部分が多いのは明らかな事実である。

3　台湾と中国大陸における儒教文化の比較

儒教との結びつきへの思考は、台湾と中国大陸との相互理解について考えることにもいろいろな啓発を与える。

台湾は、中国大陸と同じ儒教文化を有している。二つの社会における儒教文化のあり方は、大きな共通性を持ちながら、微妙な違いもある。共通性としては、まず儒教文化が表社会よりも社会の深層に沈殿しているという現象について言うことができよう。つまり儒教文化が西洋化・近代化の強烈な勢いに耐えて根強く民間に存在している現実が両方にあるということである。もうひとつは、儒教文化にある政教一致の思考様式が、依然として両方の人々の政治意識に残存しているということである。

もともと、台湾入りをした国民党と大陸を獲得した共産党という二つの政党は、国家行政とイデオロギーとの完全なる一致を求めるところで類似している。政教一致的思惟を持っているために、一つのイデオロギーを国のすべてに貫徹させる意識を絶対化し、排他的な政治志向で国の構造を崩し、党と党との間における軍事対立を招いたのだった。その後遺症は二一世紀の今日に至っても、依然として独立か統一かという対立に現れつづけている。

4 「天理」としての政党の主義主張

党の主義主張を国家の存亡を超えた絶対的なものと見なすことは、上から一つの理をもってすべてを貫く朱子学の天理思想（宇宙万物を貫く理の絶対性、普遍性を信じる思想）が歴代の王朝の支配思想となってきた歴史に通じる。政党の争いは、支配の正当性を争うもので、主義主張はその正当性の理論的根拠を示すものである。天理がすべてに当てはまり、天から人に適応するものであり、二つの理が同時に成立することは許されない。そして共産党でも国民党でも、それぞれ上からの近代化の押しつけを当然なこととして推し進め、その近代化のために儒教を批判したり、または儒教を持ち上げたりしてきた。中国大陸における孔子や儒教への扱い方の変化には、こうした政治的利用の背景がある。儒教もマルクス主義も、信仰ではなく教化の道具として扱われている。

一方台湾では政治制度の民主化を進めたところが評価に値するが、政党の主張を絶対化する「理一元的」政治意識が途絶えたとはまだいえない。儒教や主義主張を教化の道具として押し付ける政治活動がまだまだ存在している。孔子廟に見られる孔子への祭祀活動などでも、依然として政治家の関与を重要視する姿勢から抜け出ていないことが明らかである。

民間の文化としての儒教の中国社会の隅々にまで滲み出た影響は、中国の近代化の特殊性を形作り、その影響も決して小さいものとはいえない。中国大陸でも台湾でも、主義主張や儒教文化を政治教化として扱う志向をやめて、ひたすら現代の価値観や科学技術と儒教知の融合を求め、それを現代生活に活かしていけば、アジアの伝統文化が地球規模の文明価値として広く受けいれられ、世界的に評価される日も来るだろうと信じている。

5　シャーマニズムとアニミズム

日本、朝鮮半島、中国という東北アジアの原初的な宗教的特徴はシャーマニズムとアニミズムである。このシャーマニズムを基礎にして、最初に形成されたのが儒教である。儒教自体をつくったのは中国であったが、シャーマニズムを根底に持っているのは、日本も朝鮮も同じである。これは儒教知を受けいれるために大事な土台となっている。儒教知の中にある祖先崇拝の意識もこれによって日本に受け入れられやすくなる。ちなみに道教もまたその根底にシャーマニズムがある。神道や日本仏教における祈祷や呪術の類の多くは道教から来ているとも言われている。

儒教は人間を精神と肉体との二つに分ける。精神を支配するものを「魂」と呼び、肉体を支配するものを「魄」という。儒教でいう人の死とは、肉体と霊魂の遊離である。つまり、魂と魄の分離である。儒教や道教の影響を受けた日本の神道でも、死をこうした肉体と霊魂の遊離として捉える。肉体は亡びてなくなるが、霊魂はそのまま生きつづける。そして、やがてはその家の守り神となって、再び帰ってくる。その間、亡くなられた人の霊魂、つまりミタマサマが幸せに浄められるようにお祈りすることが今日でも続けられるお祭りである。ここでは亡くなった人たちの国は黄泉《よみ》の国とも根の国とも言われている。古来日本人は、亡くなった人たちの国を海の彼方にあるものと感じて過ごしてきた。時代と共にそれは山の上や地中とも考えられるようになった。いずれの場合も、死者の魂は生きている者の世界に寄り添うような形で身近な場所から人間社会を見守っている。仏教の西方浄土やキリスト教の天国というような遠い死者の国ではないのである。

6　日本と中国における祖先崇拝

日本と中国における祖先崇拝の源である「祖先を祀る」ということも、日本人が古代から持ちつづけてきた信仰心と宗教をミックスした東アジアの共通した宗教心の表れで、神の恵みと祖先の恩とに感謝して、お供え物を捧げてお参りすることである。

よく、お盆というと仏教の行事と思われているが、本来は東アジアに広く見られる先祖祀りがもとになっている。江戸時代の檀家制度により、庶民の先祖供養まで仏式で行うよう強制されたため、このように解釈されているのである。

日本の家の仏壇は中国と朝鮮半島にはない独特な存在である。しかしこの仏壇にも仏教の輪廻転生と儒教の招魂再生という二つの概念の融合が表されている。その根本にあるのはやはり祖先を崇拝することである。

ただし同じ祖先崇拝でも日本の祖先崇拝と中国の祖先崇拝は、血縁の役割をめぐって、異なった特徴もある。中国では祖先への祭祀は血の結束を確認するもので、血の繋がりに絶対的な意味を置く。しかし日本では、中国ほど血の繋がりにこだわることがなく、家の結束と家業の継続という現実利益への傾斜を求める傾向を見せる。中国の祖先崇拝は一族に限定されるために、中国人全体の祖という血縁的な繋がりを持つ対象を作ることが難しく、国全体をまとめる存在を、龍というトーテムや、中国の共通する文化を作ったとされる炎帝のような超人的な伝説上の帝王に求めることになる。それは個々人にとっては、「天」への崇拝に繋がるもので、先祖崇拝とは同じ範疇に入れることができない。中国では「天」への崇拝と「先祖」への崇拝は別々に存在しているのである。

一方日本の場合では、祖先へつながる一族の範囲は、血縁を超えるところも含むことがある。例えば養子や婿入りなどは、血縁の遠近に特にこだわらない。さらに天皇一族の祖を全日本人の祖として受け入れることも可能になっているのである。近代以来、日本における天皇を頂点とする大きな「家」と、先祖を共にする小さな「家」の共存と相互補完関係が維持されつづけたのは、日本式祖先崇拝の感覚によるものだろう。

ここまで、主に中国における儒教知と現代社会との関係の実際を多くの具体例を紹介しながら語ってきた。話は、儒教知の現代社会における存在のしかたの多様性と複雑性の提示から、政治の利用のために儒教知を担ぎ出す伝統的政治思惟の循環と再生にいかに終止符を打つかという問題意識に及んだ。しかしここで見せることができたのは儒教知というものの現代社会における生き様のごく一部であって、氷山の一角に過ぎない。現代社会との結びつきのメカニズムを一層明確にするには、もっと広範囲にわたる研究と検討が必要であろう。さらなる厳密な学問的分析と思索の出現を心から願っている。

あとがき――人を感動させる力を持つ文化を

ここまで読んでもらえればお気づきかと思うが、小著は単なる近代中国文化史や儒教の通史ではない。タイトルには儒教という言葉を使っていても、実際には中国の儒教史を漏れなく記述することもなく、近現代を視野に入れて、儒教という存在に対して自らの問題意識を展開するというものになっているに過ぎない。

もともと私が儒教に対してかくも強い問題意識を持ったのは、私自身が戦後中国の文化大革命が起こる前に生まれた一人で、大勢の中国人が儒教に対して示した反応や思索を共有してきているからである。私の儒教への特別な思いは、現代中国をめぐる学問的な観察で生じただけではなく、私自身が文化大革命時代以降の中国の目撃者であり、その生活経験の中から自然に生まれてきたものも多かったということができる。私は研究者として中国の観察者であるとともに、一人の人間としては、観察対象でもあった。そういう意味において、本書は儒教をめぐる研究の書と名付けるだけでは物足りなく、一人の現代中国人の儒教への再発見の記録書と名付けてもよいかもしれない。

儒教の再発見というのは、かつて近代以降儒教批判や孔子打倒の時代が長かったことを踏まえての言い方である。そのような意味において、本書は、なるべく正反両面の視点から儒教の過去・現在・未来を捉える姿勢を取ってきた。読者の皆さんは多少なりとも、いろんな媒体を通じて、儒教的なものに触れてきた経験のある方が多いと思うが、以下ではあえて今までのような哲学・宗教・学問にわたる多方面からの叙述から離れて、もっぱら文化としての儒教のパワーと限界について、話してみる。

一言で儒教のパワーと言ったら、私はまず儒教に内包される力強さと多様性を挙げたい。これまでの記述でわかったように、儒教は「国教」として二千年以上、朝廷支配に寄与する政教一致体制を支える教説だっただけではなく、また宗教・哲学・道徳的な側面、学問的な側面、文化的な側面を同時に持ち合わせるダイナミックな存在であった。

このような多重な存在になりえたのは、唯一の「天帝」と「多神」の共存を是とする古代中国の信仰体系とも無関係ではないかもしれない。天や天理という一つの「天」である「一体」と様々の祖先や聖人に担われる「多神」の協働に見る諸価値の共存は、中国文化における「一体多用」の文化理想を作り出している。この「一体多用」の指向は「科挙」というシステムを通じて、中国人の文化的遺伝として、政治、学問、信仰のあらゆる領分に活かされてきた。古代では、王朝政治の政教一致という負のシステムを支え、近代初期では、反西洋化の理論根拠になるか、はたまた天の範囲の拡大によって西洋化・近代化に切り替える根拠にもなっていたといえる。

この「一体多用」的文化指向は、私には昔から中国で広く親しまれているあらゆる現実に実存する動物の強みを取り入れて、構成した仮想動物である龍のイメージとも重ねて見える。現在の中国では、一般の人々でも、自らを龍の子孫と呼ぶことがある。一方において、王朝時代の中国皇帝は、天子と呼ばれ、この天子の座る玉座は龍座と呼ばれ、皇帝の住む宮殿のもっとも目立つ象徴的図案は、やはり龍である。一方皇后を象徴する仮想動物は鳳凰である。龍と鳳凰という二つの仮想動物につぎ込む思いは並々ならぬものがあることがわかる。

この龍崇拝の思考様式は古代中国の政治における支配的な制度である「科挙」の仕組みにも表れている。「科挙」は、天と人間を繋ぐ皇帝を頂点とする「国教」が政治、宗教、学問を含むあらゆる分野に君臨することを可能にし、天子たる皇帝を「大一統」政治を演出する中心部にいつづけさせることを可能にした舞台装置である。しかし古典儒教だけでは朝廷のすべての政治的な要望に答えることができない。そのために常に儒教以外の教説や学問を貪欲的に吸収し、もともと持っている天崇拝、祖先崇拝や聖人崇拝の指向を維持しながら、多様性や多重な構造を作りあげてきている。このように「一天」と「多神」を一つの枠組みに収めることができたのは、やはり何よりもそれを一か所に取り込む龍的な文化思惟によるところが大きいのではないかと思う。

もともと儒教の天道や天理には、天地人を結ぶものが設定されており、その最高境地を天という究極な存在に置き、それに近づけば近づくほど、人間のレベルが上昇していく仕組みになっている。天子が最高の存在でその次が聖人、さらにその次が賢人、君子、庶民になっていく。こうした階層的な人間像が「国教」儒教を信ずる者の血肉の一部になり、いつもあらゆる事物に最強の機能の組み合わせを追い求めていく精神を生み出し、生身の人間と天界というもう一つの世界に住む数々の神とのつながりをも作り出している。『大学』の八条目である格物、致知、誠意、正心、修身、斉家、治国、平天下という目標設定には格物から修身までの五つの価値を「人間性」の錬磨に据えているが、これは「一天」と「多神」の共存という「国教」たる儒教の理想的人間像を示すものである。

今日の世界では、学問としての儒学は、すでに西洋の学問との融合を余儀なくさせられ、西洋の学問の方法論を取り入れなくては、自立できなくなっている。政治哲学としての儒教知も、政教一致の鎖を解かない限り、現代民主政治との共存が難しくなり、いかにそのマイナスの要素を解消していくかが課題になっている。しかし中国文明の血と肉の一部になっている儒教知の「格物」、「致知」、「誠意」、「正心」、「修身」、「斉家」、「治国」、「平天下」に見られる「人間本位」的な文化価値というものには、異文化だけでなくＡＩ（人工知能）とも向き合わなければならなくなった「現代社会における人間づくり」のために、依然として大きな力を発揮できるものがあるのではないかと思われる。

ただし政治の領域では、天から人間へではなく、個である人間（庶民、賢人、君子）から天に向かっていくように、思考の優先順位を変えることが必要かもしれない。つまり政治的価値の根源を天やその代理である天子から一般市民へと交替させ、天の命を基点とする価値を個々人の意思や感性に基づくものに切り替えなければならない。こうして現代政治生活において力強さ、多様性とともに、個の自立、政治からの学問や文化の自立が達成されれば、儒教の現代的な転換と再生も真の意味においてはじめて実現されることになろうと信じる。本書の主な章節は、一〇年ぐらい前から書きためてきたものを書き直し、まとめたものである。その一部の元になったものには、すでに大学紀要や論文集などに公表されているものも含まれている。私にとってはこの一〇年間の歳月は変化の激しいものであった。一〇年前の問題意識と今日のそれとは繋がっているところも多いが、大きな揺れが起きているところもある。例えば古代儒教についてはともかくとして、分析対象になっている当の中国のこの一〇年間の変化は、想像を絶するほど激しいものがあった。学問的な分析と説明が現実の変化に追いつけていけるかが現在でも頭を悩ませるものである。また一〇年間書き続けてきたがために、本書は一〇年ぐらい前の面影を有する文章と今日的な雰囲気を醸し出す文章が共存することになってしまった。これは読者の皆さんにとっては読みづらい原因になるおそれがあるが、一〇年間の思考の軌跡を伝える働きもあるものとして可能な限り加除修正をし取り入れることにした。

そして何十年間も見守り続けてくださった師友の方々、学問的に常に議論を交わしながら刺激を与え続けてくださった学友の方々、本書の成立のために、大きな力をいただいた方々が極めて多いが、ここにおいて一同に感謝の意を表したい。

二〇二二年一〇月

銭国紅

著者紹介

銭 国 紅（Qian Guohong）

中国湖南省生まれ。南開大学大学院歴史学研究科博士課程修了（歴史学博士号、1991年）。総合研究大学院大学文化科学研究科博士課程修了（学術博士号、1996年）。早稲田大学社会科学研究所外国人研究員、ハーバード大学ライシャワー研究所訪問研究員、国際日本文化研究センター客員助教授、北京大学国際関係学院訪問学者を経て、現在、大妻女子大学比較文化学部教授。

主な著作：『日中両国の伝統と近代化』（共著）龍渓書舎、1992年、『日本と中国における「西洋」の発見—19世紀日中知識人の世界像の形成』山川出版社、2004年、『国家の想像と文化自覚—日中グローバル化の史的研究』汲古書院、2022年。

〈大妻ブックレット 8〉

近現代中国の儒教

2023年3月31日　第1刷発行　定価（本体1300円+税）

著　者　銭　国　紅

発行者　柿　﨑　均

発行所　株式会社　日本経済評論社

〒101-0062 東京都千代田区神田駿河台1-7-7

電話 03-5577-7286　FAX 03-5577-2803

URL：http://www.nikkeihyo.co.jp

表紙デザイン：中村文香／装幀：徳宮峻

印刷：KDA プリント／製本：根本製本

乱丁・落丁本はお取替えいたします。　Printed in Japan

© Qian Guohong 2023

ISBN978-4-8188-2635-9

・本書の複製権・翻訳権・上映権・譲渡権・公衆送信権（送信可能化権を含む）は、㈱日本経済評論社が著作権者からの委託を受け管理しています。

・JCOPY〈一般社団法人 出版者著作権管理機構　委託出版物〉

本書の無断複製は著作権法上での例外を除き禁じられています。複製される場合は、そのつど事前に、㈳出版者著作権管理機構（電話03-5244-5088、FAX 03-5244-5089、e-mail: info@jcopy.or.jp）の許諾を得てください。

大妻ブックレット

①	女子学生にすすめる60冊	大妻ブックレット出版委員会編	1300円
②	英国ファンタジーの風景	安藤聡著	1300円
③	カウンセラーになる 心理専門職の世界	尾久裕紀・福島哲夫編著	1400円
④	AIのキホン 人工知能のしくみと活用	市村哲著	1300円
⑤	働くことを通して考える共生社会	村木厚子著	1300円
⑥	女子大生さくらの就活日記	甲斐荘正晃著	1400円
⑦	ミュージアムへ行こう 知の冒険	大妻ブックレット出版委員会編	1300円
⑧	近現代中国の儒教	銭国紅著	1300円

表示価格は本体価格（税別）です。

日本経済評論社